GUIDE

DES

AMATEURS DE TABLEAUX.

*Urit enim fulgore suo qui præmgravat artes
Infra se positas : extinctus amabitur idem.*

HORACE, épit. à Aug., liv. II.

GUIDE

DES

AMATEURS DE TABLEAUX,

POUR LES ÉCOLES ALLEMANDE,

FLAMANDE ET HOLLANDOISE;

Par P. M. GAULT DE SAINT-GERMAIN,

ANCIEN PENSIONNAIRE DU FEU ROI DE POLOGNE.

TOME SECOND.

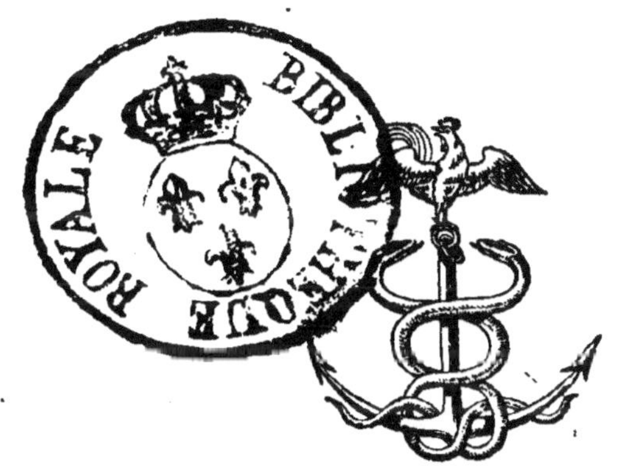

A PARIS,

CHEZ ANTOINE-AUGUSTIN RENOUARD,

RUE SAINT-ANDRÉ-DES-ARCS, n° 55.

M. DCCC. XVIII.

AVIS PRÉLIMINAIRE.

QUELS qu'aient été mes efforts et mes recherches pour réunir, dans les quatre divisions qui suivent, tous les artistes connus par
l'histoire, sans en excepter ceux qui n'ont
plus que de bien foibles titres pour y figurer,
et en y ajoutant les plus rapprochés de nous
qui n'y sont point encore relatés, plusieurs
cependant m'ont échappés, faute de matériaux pour les classer utilement.

Tels sont Antonissen d'Anvers, George
Pens, et Matthieu Gruenewald, dignes élèves
d'Albert Durer; David Ryckaert le Vieux,
maître de Helt, dit *Stockade*, et d'autres bons
disciples; Charles Secreta, surnommé *l'Épe-
ron*, de l'école allemande; Jacques Zwaanem-
burg, un des maîtres de Rembrandt; Cornille
de Bruyn, élève de Théodore Van der Schuur,
plus connu par les Observations de ses voyages (1) à Smyrne, en Égypte, aux isles de
l'Archipel, que par ses tableaux, qui intéressent peu aujourd'hui; Sonié, bon paysa-

______

(1) Publiées en 1698.

giste ; Sant Acker, peintre de fruits et de nature morte. La nombreuse école de Rubens a aussi répandu une foule d'artistes distingués, dont les ouvrages sont presque inconnus en France: Deriksen, Faidherbe, Hoffman, Malo, Leux, Potters, Spoorkmans, Jameson, Panéel, Franquart, Gérard Van Herp, Luc François, sont de ce nombre.

Les Collections qui achèvent ce volume, notamment la fameuse Collection de Dusseldorf, offrent quelques lumières sur plusieurs artistes peu connus, parce qu'on y trouve, avec les monuments de leur talent, leur signature.

L'éclaircissement par la signature des auteurs est un point délicat en matière de peinture, qu'on n'aborde jamais sans avoir à déclamer contre les faussaires de la curiosité : les signatures ont été contrefaites sur les tableaux avec tant d'art par la mauvaise foi, qu'il s'en trouve plus de fausses et de controuvées que de véritables ; ce qui toutefois ne porte aucun préjudice aux signatures bien authentiques, dont les Collections des souverains sont comme le dépôt qu'il faut consulter pour apprendre à les connoître.

Encore un mot sur la difficulté de bien écrire les noms propres, et d'établir des dates exactes : les plus modernes à cet égard sont en contradiction. Harms, dans ses Tables chronologiques des Peintres; Fussli, dans son Lexique des Artistes, fort estimé en Allemagne; MM. Huber et Rost, Manuel des Curieux et Amateurs; M. de Burtin, dans son Traité des Connoissances nécessaires aux Amateurs; enfin, les auteurs de la Galerie de Dusseldorf ne sont pas même exempts d'erreurs, malgré tous les soins et l'intérêt que ces derniers ont répandus dans cet ouvrage, qui passera toujours comme un des beaux monuments du dix-huitième siècle.

Descamps, né en Flandre, et très familier avec les différents dialectes du nord, a fait des fautes énormes en s'exerçant à traduire les noms propres pour en faciliter la prononciation en françois; mais il a laissé un exemple sur cette prononciation qui n'est pas sans intérêt, et que je retrace ici, pour la satisfaction des amateurs, avec quelques corrections et additions.

L'*e* en flamand est toujours muet, ou à peine sensible; il faut le supprimer, et substituer à la place l'apostrophe. Exemple : *Van der*, prononcez *Van d'r* ; *Van den*, prononcez *Van d'n* ; *Rubens*, prononcez *Rub'ns*.

De deux *ee* ensemble on n'en prononce qu'un , mais fermé ; ainsi *Beeldemaecker*, prononcez *Beldemaqu'r*.

La diphtongue *oe* est *ou*, comme dans *Bloemen*, prononcez *Bloum'n*.

Le *g* a paru rude aux Flamands ; ils l'adoucissent en disant *gue* ou *gu'r* ; ainsi dans *Elliger*, prononcez *Elligu'r*.

Le *k* est comme le *c* sans cédille devant les voyelles *a*, *o*, *u*, ou comme le *qu*. Exemples : *Kalcker*, prononcez *Calqu'r* ; *Kaynot*, prononcez *Quaynot*.

Le *w* est *ou* ; ainsi *Wasser*, prononcez *Ouass'r*.

L'*y* a le son comme dans *paye* ou *j'aye*.

L'*h* est inutile dans la méthode indiquée ; dans *Hal*, prononcez *Al*.

Ainsi suivent plusieurs exemples sur la prononciation des noms propres :

Appel, *App'l* ; *Houbraken*, *Oubraqu'n* ; *Kupelzky*, *Cupelsqui* ; *Melder*, *Meld'r* ; *Mieris* , *Miris* ; *Bauer*, *Bawr* ; *Denner*, *Denn'r* ; *Brandmuller*, *Brandmull'r* ; *Boonen*, *Boinen* ;

Huysum, *Usum*; *Brandenberg*, *Brand'n-berg*; *Helmont*, *Elmont*; *Overbeek*, *Overbec*; *Pool*, *Poil*; *Ruysch*, *Ruisg*; *Roepel*, *Roupl*; *Terwesten*, *Terouest'n*; *Troost*, *Troist*; *Netscher*, *Netsgu'r*; *Voet*, *Vout*; *Wit ou Witt*, *Ouit*; *Volters*, *Ouolt'rs*, *Weyerman*, *Ouey'rman*, etc. etc.*; tous noms d'artistes cités dans cette division du Guide des Amateurs.

L'usage d'accoler très souvent les prénoms dans la langue du pays avec les noms propres en françois, et que j'ai suivi lorsque j'y ai été contraint par la nécessité, exige encore un éclaircissement; tels *Joris*, pour *George*; *Willem*, pour *Guillaume*; *Peeter*, pour *Pierre*; comme *Peeter Néefs*, pour *Pierre Neefs*; *Ludolfe*, pour *Louis*; *Dirck*, pour *Thierri*; *Hans*, pour *Jean*, etc. etc.

Quant aux Collections que je promets dans ma Préface, je me borne, dans l'Essai que j'en donne, aux Collections des souverains, comme les plus stables; à celles des amateurs qui en ont, à leurs frais et dépens, laissé des monuments utiles à l'histoire et aux arts. Les Collections dispersées après décès, sans autres traces que des catalogues, sont

(vj)

assez souvent citées dans le cours de cet ouvrage, lorsqu'elles sont nécessaires à mon
sujet. D'ailleurs on peut consulter la première
division de mon Guide des Amateurs (écoles
italiennes), pour prendre des renseignements
sur les plus fameux catalogues de nos amateurs françois, n'ayant rien négligé à ce sujet
pour satisfaire la curiosité.

Mon plus grand regret, en achevant mon
Essai sur les plus célèbres Collections de l'Europe, est de ne pouvoir donner une idée de
celle de S. A. S. monseigneur le duc de Berry,
le premier de nos princes du sang qui, depuis
le rétablissement de la monarchie, a rassemblé des chefs-d'œuvre des trois écoles qui font
le sujet de cet ouvrage. Mais si des obstacles
insurmontables, sans doute fort ignorés de
nos princes (1), me privent de cette satisfaction, il en est une autre que je partage avec
tous les François zélés pour la gloire de leur
patrie, et l'encouragement des sujets qui tra-
vaillent à l'augmenter ; c'est le rétablissement
de la Société des Amis des Arts, sous les
auspices de S. A. R. monseigneur le duc de

----

(1) *Voyez* la page 233 de ce volume.

---

(1) *Voyez* à ce sujet un article du Journal des Débats, décembre 1817.

ÉCOLES
ALLEMANDE, FLAMANDE ET HOLLANDOISE.

SUITE DES XVI, XVII ET XVIIIes SIÈCLES.

GUIDE

DES AMATEURS DE TABLEAUX

POUR

LES ÉCOLES ALLEMANDE, FLAMANDE ET HOLLANDOISE.

PREMIÈRE DIVISION.

L'HISTOIRE, LE PORTRAIT, LA BATAILLE.

CLAISSENS (*Antoine*), né en Flandre, florissoit en 1498; les tableaux de cet artiste font partie des anciennes peintures.

Le jugement de Cambyse : le roi de Perse fait saisir sur son tribunal un juge prévaricateur, et le condamne à être écorché vif, supplice qui s'exécute dans le tableau suivant.

Cambyse fait écorcher le Juge prévaricateur, et de sa peau fait garnir le siége de son successeur. (Collection de France.)

HEMMESSEN (*Jean de*), né à Anvers, florissoit en 1550.

Le jeune Tobie accompagné de l'Ange, rendant la vue à son père (Collection de France).

HONTHORST (*Gérard*), connu en Italie sous le nom de *Gherardo dalle Notti*, né à Utrecht en 1592, mort vers 1662, élève d'Abraham Bloemaert.

Ses ouvrages tiennent un rang distingué dans les plus belles Collections de l'Europe : on a de Honthorst les portraits des princes, enfants de la reine Robert; le portrait de Marie de Médicis. J'ai vu des tableaux admirables de Honthorst qu'on dédaigne trop dans nos Collections françoises.

Judith (ancienne Coll. d'Orléans), *l'Enfant prodigue* (Coll. de l'électeur Palatin), *Saint-Sébastien, Descente de croix* (dans l'église cathédrale de Gand), *Pilate se lave les mains devant le peuple, déclarant qu'il est innocent du sang du juste* (Coll. de France).

Honthorst, dans les Catalogues françois, est quelquefois désigné par le sobriquet *Delanotte*, qui n'est qu'une vicieuse traduction de *dalle notti*, ainsi qu'il étoit surnommé par les Italiens, à cause des études qu'il peignoit à la lampe, et de quelques effets de nuit qu'il a exécutés en grand. La vicieuse traduction du sobriquet est rare, mais elle égare la mémoire quand elle n'est pas appuyée du nom propre.

CALVART (*Denis*), né à Anvers vers l'an 1555, mort à Bologne en 1619, doit être placé sur la ligne des plus grands artistes de la Belgique; son génie et son exécution l'élèvent encore jusqu'au niveau des écoles d'Italie. Inspiré par les magnifiques peintures du Corrège, du Parmesan, par l'antique et tous les chefs-d'œuvre auxquels elle a donné naissance dans la capitale des beaux-arts, il se fraya la route du grand style, il composa avec la fierté, la noblesse des Carrache, fit des chefs-d'œuvre d'invention, d'expression et de coloris, ouvrit une école à Bologne, et ajouta à sa gloire dans la peinture, celle d'avoir élevé *Guido Reni, Francesco Albani, Zampieri Domenichino, Vincenzo-Spisa-Nelli, Piet. Maria de Crevalcuore, Gio Baptista Bertusio.* Ses ouvrages sont répandus en Italie et dans les pays étrangers.

A Bologne, on trouve les tableaux de Denis Calvart, indiqués ci-après : *Saint Grégoire montrant l'hostie ensanglantée à un hérétique* (dans l'église dédiée à ce saint), *deux Ermites et une petite figure de Vierge* (Galerie du palais Ranuzzi), *l'ange Saint Michel* (à S. Petronio), *la Présentation au temple* (à S. Domenico); dans la galerie du palais *Zambeccari*, on trouve encore d'excellents tableaux de notre artiste.

HOLSTEIN (*Pierre*), né à Harlem en 1582, florissoit en Hollande au commencement du dix-septième siècle.

Son talent étoit de peindre fort habilement sur le verre; il a gravé plusieurs pièces, notamment des portraits d'après ses propres dessins originaux, entre autres ceux de plusieurs des négociateurs du traité de Westphalie; Cornille Holstein, son fils, dont nous faisons mention ailleurs, fut également estimé.

DELFF ou DELPHIUS (*Guillaume-Jacques*), père, né à Delft en 1580, mort en 1638.

Quoique bon peintre de portraits, il est plus connu par les gravures qu'il a publiées d'après différents peintres de portraits, tels que Michel Mirevel, Van Dyck Ravesteyn, Morelsen, Van der Wort, Daniel Mytens et autres.

DELFF (*Jacques-Guillaume*), fils, né à Delft en 1619, mort dans la même ville, élève de son père dont il a suivi le goût en peignant le portrait d'après nature, ou en le gravant d'après d'autres maîtres.

MORO (*Antoine*), né à Utrecht en 1512, mort à Anvers en 1568, élève de Jean Schoorel, peintre d'histoire et de portraits.

Étant au service de l'empereur Charles V, il fut envoyé en Portugal pour faire *les portraits du roi Jean, de la reine sœur de l'empereur, et de la princesse leur fille*, depuis reine d'Espagne. En Angleterre, il a peint la reine Marie, depuis seconde femme de Philippe, roi d'Espagne; portrait d'une grande beauté, dont il a fait beaucoup de copies. On cite encore ses copies d'après le Titien, pour le roi d'Espagne. Je les ai rappelées dans les écoles italiennes. *Une Résurrection, un Saint Paul et le portrait de Grotius*, qui lui firent une grande réputation ; *le Nain de Charles-Quint :* il est représenté en pieds, *de grandeur naturelle*, en costume de chevalier, ayant la main gauche appuyée sur un chien d'Espagne ; *le Portrait d'un homme en soutane rouge, assis devant une table ; don Juan d'Autriche, fils naturel de Charles-Quint ; le Portrait d'un homme en habit et en toque noire*, sa main droite appuyée sur la ceinture et tenant un gant de l'autre ; *Jésus-Christ ressuscité, couronné par deux anges et accompagné des apôtres saint Pierre et saint Paul* (Coll. de France).

OTTO VENIUS (*Octavio Van Véen,* ou), né à Leyde en 1556, mort à Bruxelles en 1634.

Parmi les hommes qui semblent appartenir à une création d'un ordre supérieur, on doit placer Otto Venius ; le précurseur du beau siècle de l'art dans la Belgique, le maître de Rubens, le génie qui a obtenu le suffrage du savant Juste Lipse et celui de son siècle, dont les ouvrages, et plus encore la mémoire, retracent de beaux souvenirs à la postérité. On conserve les travaux en peinture de ce savant artiste, dans les églises de Flandre.

Notre-Seigneur au milieu des pêcheurs convertis, la Cène (cathédrale d'Anvers), *le Martyre de saint André* (à la paroisse de ce nom), *la Madeleine aux pieds de Notre-Seigneur, chez Simon le Pharisien* (à Bergues, dans le réfectoire de l'abbaye de Saint-Vinox); *Jésus-Christ ressuscitant Lazare* (Coll. de France).

Nous avons d'Otto Venius, *l'histoire de la Guerre des Bataves* contre *Claudius Civilis* et *Cerialus*, tirée des quatrième et cinquième livres de Tacite, et enrichie de quarante planches; *les Emblêmes d'Horace*, avec des explications latines, italiennes et flamandes; *la Vie de saint Thomas d'Aquin*, ornée de trente-deux planches, ouvrage dédié à l'infante Isabelle. (*Voyez* la vie de notre auteur par le chevalier Bullart).

Également zélé pour les arts, les sciences et les lettres, Otto Venius fut extrêmement considéré de l'archiduc Albert, dont il fit le portrait, ainsi que celui de l'infante Isabelle, qui furent envoyés à Jacques Ier, roi d'Angleterre. L'amour qu'il manifestoit dans toutes les occasions pour son prince, le retint à son service. Les plus flatteuses promesses de Louis XIII ne purent altérer les sentiments de sa reconnoissance; il refusa non-seulement de se rendre à la cour du monarque françois, mais encore d'entreprendre des dessins pour les tapisseries du Louvre. Il laissa deux filles, *Gertrude* et *Cornille* : Gertrude, artiste distinguée, a fait le portrait de son père. Il a été gravé, et orné de ces vers du savant *Ericius Puteanus*.

> *Artis suæ miraculo felix pater*
> *E filiá jam plenus ævo nascitur,*
> *Victurus omni, clarus atavis Batavis,*
> *Pictor, poeta, philosophus, castrensium*
> *Callens mathematum, orbita dii ingeni*
> *Per alta vectus rerum, et ima, et intima*
> *Scientiarum, docta vena Vænius.*

Plusieurs sujets tirés de la vie de Jésus-Christ, un Saint Ignace, six grands tableaux dont les sujets sont tirés de la vie de saint Lieven (dans l'église des Jésuites, *ibid.*); *le Mariage de la Vierge*, composition immense, le chef-d'œuvre de notre artiste (au grand autel des carmes déchaussés, à Anvers); *le Martyre de saint Lieven, évêque* (dans l'église cathédrale de Gand); *Saint Pierre reniant le Seigneur, au milieu d'une troupe de soldats*, composition éclairée au flambeau, et gravée par Vostermans (cabinet de M. Deyne); *la Vierge avec l'Enfant Jésus debout sur ses genoux, et plusieurs autres saints* (à Dunkerque, dans la grande église, tableau admirable).

BROECK (*Crispin Van den*), né à Anvers, vers 1530, mort en Hollande, élève de Franc Floris, et nommé *Crispianus Broekius*, sur son portrait gravé par H. Hondius. *Crispyn*, *Crispiaen*, *Crispiniaen*, *Crispine*, sont encore les différences de nom qu'a pris Broeck ; ce qui a induit quelques auteurs, et notamment l'abbé de Marolles, à faire plusieurs artistes, de ces diverses dénominations de fantaisie. Van den Broeck a été regardé comme un des beaux génies de son temps ; on fait l'éloge de ses tableaux d'histoire où il introduisoit souvent des figures nues, pour faire éclater ses connoissances anatomiques. Outre ses talents en peinture, il fut encore bon architecte ; il a laissé plusieurs planches gravées qui conservent son choix dans la composition, et dans le clair-obscur.

Les sept premiers jours de la Création du monde, en sept morceaux, *Origine du monde depuis Adam et Ève jusqu'à la construction de la Tour de Babel,* neuf morceaux ; *Vie de la Vierge, commençant par l'offrande de Joachim jusqu'à l'Assomption,* dix-neuf morceaux ; *Jésus-Christ en croix :* au bas, *la Vierge et saint Jean* ; *Jésus-Christ assis dans un baptistère, et plusieurs personnes recueillant le sang qui coule de ses plaies* ; *l'Annonciation, la Visitation, l'Adoration des Bergers, l'Adoration des Rois,* quatre morceaux.

Passe (*Crispin de Paas, ou*), surnommé *le Vieux*, né à Armuyde en Séelande, vers 1536, élève de Théodore Coornhaert.

Durant son séjour à Paris, Crispin de Passe a publié un ouvrage sur la géométrie, la perspective, les proportions du corps humain et l'art de draper le manequin; les principes sont bons, mais les exemples ne valent rien; puisés dans son école, ils en conservent le vice radical, les formes roulées des Goltzius et même de Rubens, dépouillées du coloris qu'on écarte nécessairement de l'étude. On fait plus de cas des figures dont notre artiste a enrichi l'ouvrage d'Antoine Pluvinel, sur les exercices du manége, intitulé *Instruction du roi Louis XIII, en l'exercice de monter à cheval;* ses portraits des principaux personnages de son temps ne sont pas moins utiles pour l'histoire.

Albert, archiduc d'Autriche, et Maurice, prince de Nassau, à cheval et en regard, environnés de camps et de forteresses; *Frédéric IV, électeur Palatin,* depuis roi de Bohême; *Henri Frédéric, prince de Nassau; Maurice, prince d'Orange, à cheval; Jacques Ier, avec le sceptre à la main; Charles, prince de Galles,* depuis roi d'Angleterre; *Anne de Danemarck, le comte d'Essex, à cheval; Philippe II, roi d'Espagne; Alexandre Farnese, Louise Julie, comtesse de Nassau;*

Henri Cesarius, jurisconsulte ; *Nicolas Fontani*, médecin ; *Axel Oxenstiern*, chancelier de Suède ; *Adolphe, baron de Schwarzenberg* ; *Charles Niel*, ministre du saint Évangile ; *sir Philippe Sidney, Henri, prince de Galles* ; *Thomas Percy*, fameux conspirateur ; *Henri IV, roi de France* ; *Marie de Médicis, reine de France.*

CRABETH (*Wouter-Vautier*), né dans la ville de Gouda, élève de Cornille Kelel, et fils de Vautier Crabeth, fameux peintre sur verre.

Ses voyages en Italie, et le long séjour qu'il fit à Rome, effacèrent de son esprit l'impression du goût flamand ; on retrouve fréquemment dans ses tableaux d'histoire, des caractères de noblesse et une élévation d'âme qui l'assimilent aux écoles italiennes des bons temps. On conserve dans les buttes de Saint-George, à Gouda, un grand tableau de Vautier Crabeth, représentant *les principaux Officiers des compagnies du temps, et une Assomption de la Vierge,* dans une chapelle de la même ville.

Il est encore question de deux autres artistes du même nom, *François Crabeth* et *Adrien Crabeth* ; le premier peignoit en détrempe ; nous le rappelons dans le chapitre des anciennes peintures ; quand à Adrien, mort très jeune, élève de Jean Swart, il n'a laissé que les regrets d'un talent qui promettoit d'heureux développements.

Cool (*Laurent Van*), fameux peintre sur verre, qui florissoit vers 1530.

On conserve très précieusement les belles vitres de la chapelle du conseil privé à Delft, où notre artiste a peint de grandeur naturelle *les Conseillers du temps, cuirassés depuis la tête jusqu'aux pieds.*

Goltzius (*Hubert*), né à Venloo vers 1520, mort à Bruges en 1583, élève de Lambert Lombart de Liége.

Ses nombreux ouvrages sur l'antiquité sont plus connus que ses tableaux, cependant il a beaucoup peint. A Anvers, il composa *la Conquête de la Toison-d'or*, pour la maison d'Autriche; ce tableau est loué par Carle Van Mander, autant que *le portrait d'un Moine gris,* nommé frère Cornille. En général ses tableaux sont plus rares que ses gravures au trait, à l'eau-forte, rentrées sur des planches de bois, qui ornent ses ouvrages publiés en latin, et très connus des savants.

1°. *Fasti romani ex antiquis numismatibus et marmoribus ære expressi et illustrati,* in-fol. Brugis, *Typis ejusdem Goltzii.*

2°. *Jcones imperatorum Romanorum, et series Austriacorum,* etc. Dans l'édition de ce dernier ouvrage, réimprimée à Anvers, par Balthasar Moret, dans l'imprimerie plantinienne, on trouve de plus que dans l'édition de Bruges, cinq médailles qui font suite aux empereurs jusqu'à Ferdinand III, d'après les dessins de Rubens ; et les estampes en clair-obscur, quoique copiées, sont plus satisfaisantes que les estampes originales.

3°. *C. Julius Cæsar, sive historiæ imperatorum Cæsarum romanorum, ex antiquis numismatibus restitutæ ; liber primus, Huberto Goltzio Herbipolita Vanloniano, auctore et sculptore.* Quarante-six pièces en taille-douce, Bruges, 1563.

4°. *Fastos magistratum et triumphorum romanorum ab urbe condita ad Augusti obitum, ex antiquis monumentis restitutos, Hubertus Goltzius Herbipolita Vanlonianus dedicavit.* Deux cent trente-quatre gravures, Bruges, 1566.

Vaillant a vainement essayé de justifier les médailles fausses et controuvées qui se trouvent dans les œuvres de Goltzius.

Henri Goltzius, placé dans nos tableaux synoptiques, a imité son oncle Hubert ; il avoit autant de facilité à imiter Hemskerck, Franc Floris, Blocklandt, Spranger, et même la gravure d'Albert Durer, jusqu'à tromper les plus grands connoisseurs. Les sujets les plus connus de sa composition sont: *Danaé, Mercure et une vieille femme, Judas et Thamar, l'Annonciation* dans le goût de Raphaël, *la Visitation* dans le goût du Parmesan, *l'Annonciation* dans le goût de Bassan, *la Circoncision* dans le goût d'Albert Durer, *l'Adoration des Mages* dans le goût de Lucas de Leyde, *la Sainte Famille* dans le goût de Baroche. Henri Goltzius a gravé la plupart de ces sujets.

SPRANGER (*Bartholomé*), né à Anvers en 1546, mort à Prague, dans un âge très avancé, élève de Jean Madyn, contemporain de Henri Goltzius, dont il a suivi le goût et presque le mode d'exécution.

Spranger eut un beau génie, il n'a manqué ni de goût ni d'élégance; il est riche, abondant, il n'a d'autre défaut que celui de s'être trop laissé entraîner à cette incorrection du trait qu'on peut regarder comme un penchant ou une licence nationale, car les écoles bataves et belges n'en sont jamais exemptes. Élevé au milieu des richesses de l'antique, il les dédaigna, et ses succès, sans les secours salutaires qu'elles offrent à l'étude, ne seroient qu'un exemple dangereux pour quiconque n'auroit pas son génie. L'empereur Rodolphe II l'anoblit lui et ses descendants; ce prince, en présence de toute sa cour, lui passa au col une chaîne d'or à trois rangs, avec ordre de la porter toute sa vie, et il ajouta à son nom celui de *Van den Schilde*, que ses descendants ont conservé long-temps.

Spranger a fait de grands tableaux, mais il en a beaucoup plus fait de petits, souvent sur cuivre. Goltzius, qui faisoit le plus grand cas de ses dessins à la plume, en a gravé plusieurs.

Saint Antoine, Saint Jean-Baptiste, Sainte Elisabeth, la Vierge entourée d'anges (morceau peint à l'huile de grandeur naturelle, sur les murs de l'église de Saint-Louis, à Rome); *le Martyre de saint Jean-Porte-Latine* (église de ce nom à Rome), *les Couches de sainte Anne* (au maître-autel d'une église près la fontaine de Trèves, même ville), *Notre-Seigneur élevé et attaché à la croix*, sur cuivre; *la Résurrection* (ce dernier morceau sert à une épitaphe dans l'hôpital de Vienne), *Mercure présente Psyché au conseil des dieux, Rome sous la figure d'une femme*, avec le Tibre sous la figure d'un dieu, la louve et les deux enfants qu'elle allaite; tableaux sur cuivre. On regarde comme son plus beau tableau *la Résurrection de Notre-Seigneur* qui orne l'épitaphe de son beau-père, dans la petite église de Saint-Jean, à Prague.

BLOEMAERT (*Abraham*), né à Gorkum en 1564, mort à Utrecht en 1647, contemporain de Henri Goltzius. Sandrart et Van Mander le font naître en 1567, d'autres en 1569; nous adoptons l'année indiquée par Houbraken, parce qu'il est l'auteur le moins inexact sur les

dates. On trouve encore de la variété dans l'orthographe de son nom ; M. de Piles, fort incor-
rect dans les noms propres, le nomme *Blomart*,
mais il faut écrire *Bloemaert*.

Élève de plusieurs maîtres médiocres, que
nous ne prenons pas la peine de citer dans notre
ouvrage, Bloemaert semble n'avoir reçu que de
la nature et du mouvement de son génie ses
talents abondants, gracieux et presque univer-
sels ; il s'est peu écarté du goût de Goltzius dans
le trait, mais il est peut-être moins maniéré et
plus naïf dans ses attitudes ; son clair-obscur est
plus savant, ses draperies de meilleur goût et
son coloris est plein de fraîcheur, surtout quand
il consultoit la nature, ce qui lui arrivoit rarement ; aussi le bon goût réprouve tout ce qu'il
a fait de pratique. Les portraits sortis de son
pinceau se ressentent de cette néglicence, aussi
sont-ils médiocres. Il a peint l'histoire, le genre,
les animaux, et il a traité avec talent le paysage :
dans le nombre de ses ouvrages on remarque,
*Niobé et ses enfants percés de flèches par Apollon
et Diane*, figures grandes comme nature, sujet
qu'il a répété pour l'empereur Rodolphe ; *le
Festin des Dieux ;* belles et riches compositions.
Son inclination à représenter les coquillages,
les monstres marins qu'il imitoit en perfection,
l'entraînoit à puiser des sujets dans la mytho-

logie, analogues à tous ces objets; le supplice d'Andromède lui servit souvent.

Saint Jean qui prêche dans le désert (ancienne Coll. d'Orléans), *les Noces de Thétis et de Pélée; la Discorde*, seule des déesses, n'avoit point été invitée au banquet; indignée de cet affront, elle jette au milieu des convives une pomme d'or avec cette inscription : *à la plus belle;* tous se la disputent, et par ce moyen la *Discorde* reprend sa place parmi elles (Collection de France).

Bloemaert a gravé aussi plusieurs pièces tant à l'eau-forte qu'en clair-obscur; il eut quatre fils qui furent artistes, *Frédéric* et *Guillaume* ont été graveurs, ils ont publié plusieurs pièces d'après les compositions de leur père et d'après leurs dessins originaux, ainsi que d'après d'autres maîtres. *Henri*, le premier des fils d'Abraham Bloemaert, et *Adrien*, le quatrième, ont peint avec succès le portrait; ce dernier surtout, qui fut tué en duel à Saltzbourg, fut le plus habile : le baron d'Henecken, amateur laborieux, bon juge dans les arts, rend un bon témoignage des talents de Henri Bloemaert.

Seghers (*Guérard*), né à Anvers vers 1589, mort dans la même ville en 1651, élève de Henri Van Balène, et frère aîné de Daniel Seghers, peintre de fleurs.

. Guérard, contemporain et ami de Rubens et de Van Dyck, semble avoir adopté dans ses études à Rome, le Tintoret, le Carravage, Manfredi : sa manière tient beaucoup de ces maîtres, le coloris de Rubens fut encore l'objet de son étude ; avec toutes ces associations il a fait des tableaux admirables, remplis d'expression, bien composés, bien dessinés, largement peints : savant dans le clair-obscur et d'une couleur forte, vigoureuse et vraie.

Saint Yves, Saint Roch (dans l'église Saint-Jacques, à Anvers) ; *Saint Joseph endormi, à qui l'Ange ordonne de fuir en Égypte ; la Naissance de Notre-Seigneur, une Sainte Famille* (église des religieuses appelées *Fackes,* ibid.) ; *Notre-Seigneur attaché sur la croix* que les bourreaux élèvent, tableau dans le goût du Tintoret.

CLEEF (*Joseph Van*), né dans la ville d'Anvers, surnommé *Cleef le Fol,* reçu membre de l'Académie de la même ville en 1511.

Son coloris, qu'on a comparé à celui du Titien, égale celui d'Antoine Moro, son contemporain. Joseph Van Cleef composoit dans le goût italien, sa touche est large et savante ; il a laissé des tableaux d'histoire excellents pour le temps. Son tableau représentant *Saint Côme et Saint Damien,* sur l'autel des chirurgiens dans l'église de Notre-Dame d'Anvers, fait l'effet d'une bonne production des écoles italiennes; *une Vierge* (Coll. de Wyntgis, à Middelbourg, bon tableau); *un gros Bacchus à chevelure grise* (cabinet de M. Sion, à Amsterdam, tableau d'un grand coloris). En 1518, l'Académie d'Anvers reçut dans son corps *Willem de Cleef,* que l'on croit père de Joseph, contre l'opinion de Van Mander, qui soutient le contraire : le doute à cet égard est d'une trop petite importance pour entreprendre de l'éclaircir; mais ce qui importe, est de ne point faire deux individus d'un seul, et les registres de l'Académie d'Anvers prouvent l'existence de Willem Cleef et de Joseph de Cleef; ce dernier fut surnommé *le Fol,* parce qu'ayant donné des preuves de démence, sa famille le fit enfermer.

BLOCKLANDT (*Antoine de Montfort,* ou), né en 1532, mort à Utrecht en 1583, élève de Franc Flore.

La manière de cet artiste tient du Parmesan; on remarque de l'élégance dans ses figures, une belle étude du nu, des extrémités bien dessinées et des draperies de fort bon goût : il a des têtes de vieillards admirables. Suivant l'historien Van Mander, la ville d'Utrecht conservoit la plus grande partie de ses ouvrages, entre autres plusieurs retables, *l'Assomption de la Vierge, l'Annonciation, la Nativité,* etc. Plusieurs bons tableaux de Blocklandt ont été gravés par les Goltzius.

GÉRARD (*Marc Guérards, ou*), né à Bruges en 1530, mort en Angleterre en 1590.

Van Mander le place au rang des grands peintres flamands. Bruges et quelques villes des environs conservent de très bons ouvrages de cet artiste, qui étoit universel, ayant peint avec le même succès l'histoire, le paysage, le portrait et l'architecture : il est surtout fort renommé par ses dessins composés pour les peintres sur vitres. Ses paysages offrent cette particularité que, soit sur un chemin, sur un pont ou ailleurs, il plaçoit une petite femme qui pisse ; nous avons remarqué une bizarrerie du même genre en parlant du petit bon-homme de Patenier. Gérard a composé et gravé à l'eau-forte *les fables d'Ésope* : Sadeler a gravé d'après lui *la Passion de Jésus-Christ*, en quatorze pièces, et Visscher a aussi gravé, en dix-huit pièces, *toutes les bêtes à quatre pieds*, sauvages, domptées ou domestiques, 1583.

FRANSZ, né à Helvezor dans le Sund en 1569 : sa famille étoit de Harlem ; il fixa sa demeure à Amsterdam, où Jean Nieulant, qui fut son élève, avoit suivi sa famille pour se dérober aux cruautés des Espagnols, qui ravagèrent les Pays-

Bas. C'est tout ce que nous savons de Fransz, dont les talents ont été marqués par des monuments qui ne sont point venus à notre connoissance.

Fabricius (*Karel* ou *Carle*), grand peintre, titre que je lui décerne, non d'après le témoignage des historiens qui à peine consacrent quelques lignes à sa mémoire, mais pour ses rares talents et sa célébrité, commencée parmi nous l'année 1806. Après les victoires des armées françoises sur la Prusse, plusieurs tableaux des Galeries de Brunswick et de Cassel parurent au Muséum, au nombre desquels on en voyoit de Fabricius : l'un d'eux représentoit *un Chasseur en repos au pied d'une ruine d'architecture ;* tableau d'une vérité frappante, et qui donne la nature prise sur le fait. Cet artiste, un des plus savants de son temps dans la perspective, a aussi laissé des portraits admirables. Le mérite le moins équivoque a toujours besoin de prôneurs pour le faire connoître, et Fabricius ne fut point du nombre de ces heureux qui doivent une grande réputation à l'or et à l'intrigue : son zèle pour la mériter ne fut point récompensé par la fortune. Sa naissance est ignorée : on sait qu'il demeuroit à Delft, et peut-être ignoreroit-on l'époque de sa mort, si elle n'étoit marquée par une catastrophe épouvantable, que je rapporte ici pour réunir le plus possible de matériaux sur l'histoire d'un savant peintre qui paroît pour la première fois dans un ouvrage françois.

Suivant le texte hollandois de Campo Weyermans, on trouve le nom de Fabricius sur les archives de la ville de Delft, au nombre des victimes qui furent écrasées sous les décombres de l'explosion du magasin à poudre de cette ville, qui eut lieu le 12 octobre 1654. Avec lui périt le frère de sa belle-mère, le sacristain de la vieille église, duquel il faisoit le portrait, et son élève Mattys Spoors. Fabricius fut, six à sept heures après l'explosion, trouvé donnant encore quelques signes de vie; il fut transporté dans l'hôpital de la ville et mourut un quart d'heure après; il étoit âgé de trente ans. Ses ouvrages sont très rares, surtout en France.

MOSTAERT (*Gilles*), natif de la petite ville d'Hulst, proche d'Anvers, mort très âgé en 1601, élève de son père Mostaert, dit *le Vieux*.

Notre artiste peignoit très bien l'histoire, et fut estimé de son temps : à Middelbourg on voyoit de lui *Notre-Seigneur portant sa croix, Saint Pierre dans la prison, délivré par l'Ange, et la Famille Schetsen faisant, comme seigneur du lieu, son entrée à Hoboke.* François Mostaert, frère de Gilles, peignoit le paysage avec talent; lui et son frère furent reçus à l'Académie d'Anvers en 1555 : François mourut très jeune.

Key (*Willem-Guillaume*), natif de la ville de Bréda, élève de Lambert Lombart.

On trouve de la sagesse et du jugement dans ses ouvrages, remarquables encore par la douceur et le moëlleux du pinceau. Le tableau cité comme son chef-d'œuvre, a péri dans l'embrasement de la Maison-de-Ville à Anvers ; il représentoit *les Portraits en pieds des magistrats de cette même ville.* On retrouve encore dans la cathédrale d'Anvers une épitaphe sur laquelle il a peint *les Portraits des fondateurs de la chapelle des Maîtres Selliers.* On a de Key, *le Portrait du cardinal de Granvelle*, qui est très beau. Le portrait du duc d'Albe fut la cause de sa mort. On rapporte qu'en y travaillant il entendit concerter la mort du comte d'Egmont et de quelques autres seigneurs, entre le duc et les juges, et que ce complot tyrannique lui fit tant d'impression, que de retour chez lui il tomba malade, et mourut le jour même de l'exécution des comtes d'Egmont et de Horn, le 5 juillet, veille de la Pentecôte, 1568.

Joris (*Augustin*), né à Delft en 1525, mort, dit-on, noyé en puisant de l'eau, l'an 1552, élève de *Jacques Mondt*, peintre médiocre.

Joris a travaillé à Paris pour quelques graveurs ; de retour à Delft, il fit cinq tableaux qui ont fait sa réputation. On a long-temps conservé dans sa famille un fort beau tableau représentant *une Sainte Famille.*

Willems (*Marc*), né à Malines en 1527, mort en 1561, élève de Michel Coxcie.

Il fut grand compositeur; sa facilité le mit à même de fournir les dessins des peintures sur vitres et des tapisseries qui furent exécutées de son temps. Un des morceaux qui lui a fait le plus d'honneur, représente *la Décollation de saint Jean;* on y admire avec étonnement le bras racourci du bourreau qui tient la tête du saint, et qui paroît sortir de la toile : ce tableau décore l'église de Saint-Rombout, à Malines. Notre artiste a peint *Judith qui vient de couper la tête d'Holopherne,* pour servir de pendant.

Enghelrams (*Cornille*), né à Malines en 1527, mort en 1583.

Ses principaux ouvrages sont dans l'église de Saint-Rombout; beaucoup d'autres sont dispersés dans plusieurs villes d'Allemagne. *Les œuvres de Miséricorde,* riche composition (à Malines); *la Conversion de saint Paul* (église de Sainte-Catherine, à Hambourg). Enghelrams a peint dans le château d'Anvers, *l'histoire de David,* d'après les dessins de Lucas de Heere : de Vries a peint l'architecture de cette décoration, qui est en détrempe, ainsi que presque tous les ouvrages d'Enghelrams.

POINDRE (*Jacques*), natif de Malines, mort en Danemarck en 1570, élève et beau-frère de Marc Willems.

Cet artiste qui a peint le portrait avec distinction, suivant ses historiens, n'est presque plus cité aujourd'hui.

KUYCK (*Jean*), florissoit en 1550, comme un des plus grands peintres sur verre : arrêté pour ses erreurs en matière de religion, Jean Van Drenkwaert Boudewinze, écoutet ou chef de la justice, employa tout son crédit pour sauver le malheureux Kuyck, plus égaré que coupable ; mais il falloit une victime au fanatisme religieux, il la demandoit à grands cris jusque dans la chaire des temples, et l'artiste fut brûlé vif sur le Nieuwerck, à Dort, le 28 mars 1572 : dans les fers, il a peint *le Jugement de Salomon*, et par reconnoissance pour le magistrat qui s'intéressoit à son sort, il donna sa ressemblance au roi de Jérusalem.

HEERE (*Lucas de*), né à Gand en 1534, mort en 1584, élève de Franc Flore, et fils de Jean de Heere, grand sculpteur, bon architecte.

Lucas de Heere montra un talent si précoce, que les ouvrages de son début passoient pour être de son maître : il a fait un grand nombre de compositions pour les peintres sur verre, et des tableaux d'autel qui sont estimés; sa mémoire étoit si fidèle, qu'il faisoit un portrait frappant de ressouvenir. De Heere dessinoit assez correctement pour son école; ses draperies ne sont pas de mauvais goût et rendent en perfection la nature des étoffes; ses compositions sont riches et abondantes. A Gand, dans l'église de Saint-Pierre, *la Descente du Saint-Esprit*, sur les deux volets d'un autel; dans l'église de Saint-Jean, *la Résurrection*, sur une épitaphe : il a laissé beaucoup d'ouvrages en vers, entre autres *le Jardin de la poésie*, *des traductions de Marot*, *le Temple de Cupidon* et *la Vie des Peintres flamands* : ce dernier ouvrage est perdu. En France, Lucas de Heere a été employé par la Reine-mère, pour les manufactures de tapisseries; il a travaillé assez long-temps à Fontainebleau.

BARENTSEN (*Dirck-Thierry*), né à Amsterdam en 1554, mort en 1592, élève de son père et du Titien, dont il a imité souvent le coloris jusqu'à s'y méprendre, surtout dans le portrait.

Plusieurs morceaux précieux du pinceau de Barentsen, ont péri dans les guerres de religion. On conserve aux buttes d'Amsterdam, le morceau d'une de ses compositions qui représentoit *la Chute de Lucifer*, c'est le reste d'un fort beau talent; *la Naissance de Notre-Seigneur*, tableau dans la manière des écoles d'Italie, à Gouda ; *une Vénus* (cabinet de Sybrant Bruys, à Leyde) ; *Notre-Seigneur en croix, au bas, la Madeleine* (cabinet de Ruzet, à Amsterdam) ; *plusieurs Portraits, plusieurs Tableaux d'histoire* (Coll. d'Isbrant Willems, ibid.) ; *une Assemblée au milieu de laquelle on voit un chaudronnier,* composition originale (butte des Arbalêtriers, ibid.) ; *un Festin où l'on sert un poisson sous la dénomination de* pors *en Hollande* (clos du Mail, ibid.) ; composition représentant *une Assemblée nombreuse* (butte des Archers, ibid.).

BARENTSEN, père de l'artiste mentionné ci-dessus, surnommé *le Sourd*, a peint dans la Maison-de-Ville d'Amsterdam, la sédition incendiaire qui se forma en 1535. On cite fort peu d'ouvrages de lui.

STRADANUS (*Jean*), né à Bruges en 1536, vivoit encore, suivant l'historien Van Mander, en 1624.

Ses ouvrages sont répandus en Italie et surtout à Florence. Dans l'église de l'Annonciation de cette ville, *Notre-Seigneur en croix, un des bourreaux lui présente l'éponge trempée dans le vinaigre ;* c'est un beau tableau, il a été gravé par Philippe Galle ; le même a gravé, d'après notre artiste, *la Passion de Notre-Seigneur.* Stradanus a aidé Vasari dans les peintures à fresque des appartements du grand-duc de Florence.

Vlerick (*Pierre*), né à Courtrai en 1539, mort de la peste à Tournai en 1581, élève de Charles d'Ypres et du Tintoret, dont il n'a pas quitté la manière.

Il entendoit très bien l'architecture et la perspective : ses grandes compositions sont : *le Serpent d'airain*, *les quatre Evangélistes*, *un Crucifix*, *la Sainte Vierge et saint Jean*, *Judith qui coupe la tête à Holopherne*, peints en détrempe. Les figures qui sont dans les paysages de *Jérôme Muziano*, qu'on voyoit à Tivoli du temps de Pie IV, sont de notre artiste : il a laissé plusieurs Vues du cours du Tibre, de Puzzoli et ses environs, dessinées à la plume, dans le goût de Henri de Cleef ; au jugement de Van Mander, qui a vu ses dessins.

Frans (*N.*), né à Malines en 1539. Plusieurs sujets de sa composition tirés de l'Écriture-Sainte ont conservé sa mémoire : il a peint pour la principale église de sa ville natale, *une Fuite en Égypte ;* et pour Notre-Dame d'Hanswyck, près de Malines, *la Visitation de la Vierge*, figures de grandeur naturelle.

Geldersman (*Vincent*), natif de Malines, florissoit en 1539.

La grâce dont il embellisoit ses figures de femmes, faisoit aimer ses compositions, qui sont sans choix : on a de lui *l'Histoire de Suzanne*, *une Cléopâtre*, *une Léda*, *une Descente de Croix*, *avec les Maries :* ce dernier tableau orne l'église de Saint-Rombout, à Malines.

SWARTS (*Christophe*), natif de Munich, mort en 1594, avec le titre de Peintre ordinaire de l'électeur de Bavière.

Il a décoré de ses ouvrages les édifices civils et religieux de sa ville natale. Jean Sadeler a gravé, d'après Swarts, *une Passion,* où Notre-Seigneur est presque toujours par terre. Nous avons son portrait dessiné par Goltzius en 1591: dans la Collection du comte de Vence, on y trouve indiquée une *tête* peinte par notre artiste.

MYTEMS (*Arnolt*), né à Bruxelles, mort à Rome en 1602.

Presque tous ses ouvrages sont répandus dans les églises de Naples et d'autres villes d'Italie : à Naples, dans l'église de Saint-Louis, on admire *une Vierge et le démon sous ses pieds, qu'elle écrase avec une massue,* beau tableau : dans cette même église il a peint *une Notre-Dame de bon secours,* qui n'est pas moins estimée. On voit encore de notre artiste, dans Aquila, un tableau qui remplit tout le fond d'une église, représentant *un passage de la Passion de Jésus-Christ,* production qui étonne. Son chef-d'œuvre représente *Jésus-Christ couronné par les Juifs, à la lueur des flambeaux.* On connoît de cet artiste plusieurs Vierges, peintes sur cuivre en petit.

Winghen (*Joseph Van*), né à Bruxelles en 1544, mort à Francfort en 1604.

Sous la protection du prince de Parme, il a peint *la Cène* pour le maître-autel de Saint-Goelen ; Paul de Vries en a fait l'architecture, Van Mander fait un grand éloge de ce morceau. Parmi les tableaux qui laissent d'heureux souvenirs de son talent, on cite *Apelles qui devient amoureux de Campaspe, en peignant son portrait* (Coll. de Vienne) ; *Samson pris par les Philistins, dans les bras de Dalila* (Coll. de l'électeur Palatin) ; *Andromède et plusieurs Portraits* (à Francfort), *la Justice qui protége l'innocence opprimée* (cabinet de Cornille Van der Vooart, à Amsterdam). On a beaucoup gravé d'après les compositions de Van Winghen : quelques-unes ont été exécutées en tapisseries.

Snellinck (*Hans-Jean*), né à Malines en 1544, peintre d'histoire, est plus remarquable dans les batailles.

On a de ce grand artiste plusieurs batailles des Pays-Bas, qui sont remplies de chaleur et d'harmonie. Carle Van Mander fait un grand éloge de ses talents, et Van Dyck a fait son portrait pour être placé parmi ceux des artistes du premier ordre de son temps : il orne l'épitaphe de Snellinck, dans l'église de Saint-Jacques, à Anvers : *Ci-gît* **Jean Snellinck**, *peintre de l'Ar-*

chiduc ALBERT *et* ISABELLE , *et de Son Excellence le Comte* MANSVELT..... *mort le* 1ᵉʳ *octobre* 1638 , *âgé de quatre-vingt-quatorze ans ; et* PAULINE CUYPERS *sa femme, morte le 6 octobre* 1638 , *ainsi que leur fils* ANDRÉ SNELLINCK , *mort le 10 septembre* 1653.

MANDER (*Carle-Charles Van*), né à Meulebeke en 1548, mort en 1606, élève de Lucas de Heere ; historien, poète et peintre.

L'Italie, où il séjourna trois années, possède de lui plusieurs tableaux ; un des meilleurs est indiqué dans la petite ville de Terni ; il représente *le Massacre de la Saint-Barthélemi :* on y voit jeter par les fenêtres le corps de l'amiral Coligny. A Bâle, en Suisse, on conserve quelques bons tableaux de Van Mander. De retour dans sa patrie, il fit paroître deux tableaux qui fixèrent l'attention générale : *le Paradis terrestre* et *le Déluge.* On estime comme ses plus beaux ouvrages : *le Seigneur portant sa croix, l'Adoration des Mages.* Outre l'histoire, il a peint le paysage avec goût, mais en général, son style est maniéré et son choix n'est pas heureux : il a fait une quantité de dessins pour les manufactures de tapisseries qui ont été exécutés. Quant à ses ouvrages dans les lettres, je renvoie à mon discours d'introduction.

KETEL (*Camille*), né à Gouda en 1548, vivoit

encore en 1600 ; il eut pour maître Blocklandt.

Van Mander qui parle avec éloge de ses talents, écrivoit à cette époque la Vie des Peintres. Ketel n'est cependant pas estimé de notre temps : son dessin est de mauvais goût et ses compositions sont dénuées de sagesse ; il s'est particulièrement attaché au portrait. En 1578, il a peint, à Londres, les portraits *de la Reine, du comte d'Oxford* et des principaux seigneurs et dames de la cour, souvent en pieds et toujours de grandeur naturelle. On parle avec estime d'une de ses compositions où il a représenté *la Force domptée par la Sagesse,* qu'on voyoit dans le cabinet de Christophe Halten, depuis mort chancelier. Le meilleur de ses ouvrages représente *une Compagnie entière d'Arquebusiers,* les personnages en pieds, avec leurs armes et leur capitaine Herman Rodemborgh - Beths à leur tête ; il s'y est peint lui-même de profil : on y admire la fraîcheur et la différence des étoffes. Un autre sujet qui lui conserve un rang distingué parmi les bons peintres de son temps, représente, sous les figures de Notre-Seigneur et des douze Apôtres, *les Portraits de quelques artistes et amateurs célèbres ses contemporains.* Ketel peignoit en grand et en petit : je passe sous silence les puérilités que les historiens débitent sur sa manière de peindre, rien qu'avec les doigts, et des chefs-d'œuvre qu'il fit, dit-on, avec cette absurde découverte, qui, sans doute, n'eut que des admirateurs ignorants, et point d'imitateurs.

WITTE (*Pierre de*), né à Bruges vers 1548, mort, à ce qu'on croit, à Munich.

Ce qu'on sait de certain sur cet artiste, c'est qu'il a travaillé avec Vasari, dans le palais du pape; qu'il a été employé par le grand-duc de Florence, à faire des cartons pour les tapisseries, et qu'il a été au service du duc de Bavière. Sadeler a gravé plusieurs pièces d'après les tableaux de Pierre de Witte.

BACKER (*Jacques*), né à Harlingen en 1608, mort en 1641.

Les poètes Cornille de Bie et Vondel, ont loué dans leurs vers les talents de Backer : il a peint l'histoire, mais plus généralement le portrait; une grande partie de ses ouvrages est en Espagne. A Anvers, dans l'église des Carmes, on conserve un fort bon tableau de Backer, représentant *le Jugement dernier* : on cite encore de lui le *portrait de Brauwer* qui est dans la galerie de l'électeur Palatin. Les figures académiques, surtout celles de femmes, qu'il dessinoit au crayon noir et blanc, et avec beaucoup de goût et de grâce, sont très recherchées par les curieux.

STÉEVENS (*Pierre*), natif de Malines, contemporain de Van Mander, est cité comme un savant dessinateur ; il a laissé plusieurs tableaux d'histoire : il est mort peintre de la cour de l'empereur.

HENRICK (*Gaspard*), né à Oudenarde en 1550, mort, à ce que l'on croit, en Italie : Van Mander loue son talent dans l'histoire.

HERDER, contemporain de Van Mander, qui l'a connu à Rome, et vante ses ouvrages. Herder mourut à Groningue, sa patrie.

FLORIS (*Cornille*), natif d'Anvers, florissoit en 1604 ; il est fils d'un peintre qui se nommoit aussi *Cornille* de son prénom.

BIESELINGHEN (*Kristian-Chrétien Van*), natif de Delft, mort à Middelbourg, en Zélande.

Il paroît que le portrait fit sa réputation, ou du moins on croit que c'est à ce talent qu'il dut le titre de Peintre du roi d'Espagne, pendant le séjour qu'il fit à la cour de ce prince. On lui doit le *portrait de Guillaume I*, *prince d'Orange*, qui fut tué par Baltazard Guérards. *Guérit Pot* le regardoit comme le meilleur qu'on ait fait, et s'en servit pour faire son grand tableau qu'on a placé, en 1620, dans la Maison-de-Ville de Delft. Van Bieselinghen a dessiné aussi le *portrait du meurtrier de Guillaume I* : il a été indiqué dans la Collection de David Flud, à Dort.

Gortzius *(Gualdorp)*, dit *Geldorp*, né à Louvain en Brabant, en 1553, florissoit en 1604, élève de François Franck et de François Porbus.

Sous ces deux maîtres, il a étudié l'histoire et le portrait, et s'est fait une grande réputation dans l'un et l'autre genre ; il a passé ensuite au service du duc de Terra-Nova, à Cologne ; et depuis il a été perdu de vue. Jacques Molin et François Franck, ont rendu un bon témoignage de ses talents : le premier comparoit au Guide certains tableaux de Gualdorp ; *Diane* (Coll. de Jean Méerman, à Cologne) ; *une Tête de Vierge*, *une Tête de Christ*, *Suzanne* (Coll. de Jaback) ; Crispin de Pas a gravé *le Christ et la Vierge ; un Évangéliste*, beau tableau (Coll. de Georges Haeck).

Achen *(Jean Van)*, né à Cologne en 1556, mort au service de l'empereur, on ignore l'année, élève de Georges ou Jerrigh.

Cet artiste, rempli de goût, a laissé plusieurs bons tableaux à Rome, à Venise, à Munich et dans la Bavière. On regrette l'attachement qu'il prit pour la manière de Spranger, ce qui l'a conduit à outrer un peu trop la ligne des contours ; mais il excelloit à peindre une tête d'après nature ; on conserve de Van Achen, *la Naissance de Notre-Seigneur*, tableau peint à l'huile sur une plaque d'étain (ancienne église des Jésuites, à Rome); *la Découverte de la vraie Croix*, sur bois, figures demi-grandeur naturelle (chapelle du tombeau de l'électeur de Bavière, à Munich); *portraits du duc de Bavière, de la duchesse et des princes leurs enfants; portrait de Jean de Boulogne*, célèbre sculpteur flamand; *les portraits de la famille Fauckers*, d'Ausbourg; *Vénus et Adonis* (à Prague), *les Arts qui environnent la Paix* (à Amsterdam), *Notre-Seigneur dans le tombeau* (Coll. de l'électeur Palatin), *le portrait de Madona Laura*, célébrée par Pétrarque.

On cite comme un des plus excellents ouvrages de Van Achen, *son portrait;* il tient, en riant, une coupe de vin, et près de lui on voit cette *Madona Laura* jouant du luth. On n'estime pas moins son *Saint Sébastien*, qui orne l'ancienne église des Jésuites, à Munich; il est gravé par Jean Muller, d'Amsterdam : les Sadeler ont aussi gravé d'après Van Achen.

SCHURMAN (*Anne-Marie*), née à Utrecht en 1607, morte à Altona en 1678.

Vossius, Saumaise, Kats, Andreas et Le Laboureur, ont fait la plus honorable mention de cette fille célèbre, qui écrivoit en latin, en grec, en hébreu, en syriaque, en chaldéen, en espagnol, en italien, en allemand et en françois : grande musicienne, et qui a mérité des éloges par ses ouvrages en peinture; elle a aussi gravé au burin, à l'eau-forte, sur le cuivre et sur le cristal, avec le diamant. Nous avons plusieurs portraits d'elle, et de sa main, dont un, gravé à l'eau-forte, est terminé au burin avec une finesse extraordinaire, sous ce titre : *Anna Maria a Schurman*, ann. ætat. XXXIII. CIƆ. IƆ. CXL. A. M. S. fec.; au bas,

Cernitis hic pictá nostros imagine vultus :
Si negat ars formam, gratia vestra dabit.

OORT (*Lambert Van*), admis au nombre des peintres d'Anvers en 1547 : on lui donne de grands talents dans l'architecture et la peinture.

OORT (*Adam Van*), né à Anvers en 1547, mort dans la même ville en 1641, élève de son père Lambert Van Oort.

Adam peut être considéré comme un des beaux génies de son temps ; ses premiers ouvrages sont admirables ; son inconduite a influencé ses derniers d'une manière défavorable à la réputation que son nom doit conserver dans l'histoire de l'art. De son école sont sortis Rubens, Jacques Jordaens, Franck et Henri Van Balen : il n'a point vu Rome, ce qui faisoit dire à Rubens, que ce grand peintre n'auroit point eu d'égaux dans sa patrie, s'il avoit visité les chefs-d'œuvre de l'antique et des écoles itaennes. Les plus beaux ouvrages d'Adam Van Oort ornent plusieurs églises de Flandre.

Oost (*Jacques Van*), surnommé *le Jeune*, fils de Jacques Van Oost, dit *le Vieux*, et son élève, mort à l'âge de soixante-seize ans, en 1713.

Ainsi que son père, Van Oost le jeune peignit l'histoire et le portrait; sa manière est préférable, son dessin est plus étudié, ses draperies sont plus larges, en un mot, il a plus de correction et d'expression, mais il a moins d'effet : quant au coloris, il approche des plus savants dans cette partie de l'art. Il est rare de trouver des tableaux de chevalet par Van Oost; presque tous ses ouvrages sont en grand, et répandus dans les palais et les monuments civils et religieux.

Le Martyre de sainte Barbe, c'est le chef-d'œuvre de l'artiste (à Lille, dans l'église de Saint-Étienne); *la Résurrection du Lazare* (au grand autel de l'église de la Madeleine, *ibid.*); sujets de la *Vie de saint Jean*, *à Curce*, en trois tableaux; trois autres de la *Vie de sainte Thérèse* (dans l'église des Carmes, *ibid.*); *l'Enfant Jésus à qui on présente les instruments de la Passion* (aux Capucins, *ibid.*); *Sainte Marguerite tenant un dragon enchaîné* (à Bruges, dans l'église des Récollets); *la Sainte-Famille* (à Lille, dans l'église de Saint-Maurice); *le Por-*

trait d'un Abbé, beau tableau (dans l'abbaye aux Dunes).

Duiven (*Jean*), élève de Wouter-Vautier Crabeth, et contemporain de Henri Zorg, mort en 1640.

Son talent étoit de peindre le portrait; il a fait sa fortune en répétant un grand nombre de fois celui du père *Simpernel*, franciscain.

Peters (*Arnold*), un des fils de Pierre Aertsen, dont il a été fait mention à la suite des analogies de ce dernier, a aussi peint des tableaux d'histoire qui sont estimés. *Le Jugement dernier*, composition d'un grand nombre de figures (Coll. de France).

Gheyn (*Jacques*), né à Anvers en 1565, fils et élève de Jean de Gheyn, bon peintre sur verre.

Jacques a aussi peint sur verre, il s'est fait également une réputation dans le portrait à la gouache. On conserve, dans la Collection de Vienne, un recueil de fleurs et d'insectes, peint à gouache par notre artiste, qui est encore connu pour avoir terminé les travaux de son père, et par plusieurs pièces qu'il a gravées.

Dach (*Jean*), né à Cologne en 1566, élève de Barthélemi, mort au service de l'empereur Rodolphe II.

On voit beaucoup de tableaux de cet artiste

la cour de Vienne, et plusieurs dessins en Angleterre, faits à Rome d'après les plus belles antiques.

RYCK (*Pierre Cornille Van*), né à Delft en 1566, élève de Hubert Jacobs, bon peintre de portraits.

Il a peint à l'huile et à fresque le portrait et quelques tableaux d'histoire dans le goût de Bassan.

KRYNS (*Evrard*), né à La Haye en 1604, élève de Van Mander, fut estimé de son temps dans le portrait et l'histoire.

ISACS (*Pierre*), né à Helvezor en 1569, élève de C. Ketel et de Van Achen.

Il a peint plusieurs genres, principalement le portrait; on fait un grand éloge de son talent à saisir la ressemblance : il soignoit singulièrement les mains et les étoffes, surtout les satins. Ses ouvrages sont répandus en Italie où il a voyagé, et dans sa patrie.

SWISTER (*Joseph*), ou *le Suisse*, élève de Van Achen, florissoit en 1580 : il a entrepris, par ordre de l'empereur, les dessins des plus belles antiques à Rome.

NOP (*Guérit-Guérard*), né à Harlem en 1570; Van Mander ne nous apprend presque rien de cet artiste qui a long-temps séjourné à Rome.

Lys (*Jean*), né à Oldembourg, mort de la peste à Venise en 1629.

Houbraken l'égale aux plus grands maîtres, et n'hésite point de lui accorder les mérites réunis de Rubens et de Van Dyck : il a laissé des compositions dans le goût de ces derniers ; l'une est *l'Enfant prodigue*, indiquée dans la Collection de Hoogeveen, à Leyde ; l'autre dans la Collection de Schelling, qui ne cède en rien, selon l'historien, aux plus belles productions du pinceau des maîtres auxquels on le compare. Il a peint en grand et en petit : parmi ces derniers tableaux on remarque *Adam et Eve qui pleurent la mort d'Abel* (ce tableau, dit-on, a inspiré le poète Salomon Gessner) ; *la Chute de Phaëton*, un beau paysage en fait le fond ; *la Tentation de saint Antoine :* on a encore de cet artiste des fêtes galantes, des bals dans le costume vénitien, des danses, des noces de village et autres sujets où il a su habilement varier les expressions et les costumes : le Titien, Paul Véronèze et le Tintoret furent ses maîtres favoris.

Plas (*Pierre Van der*), peintre hollandois ; la ville de Bruxelles conserve plusieurs de ses tableaux.

Salaert (*Antoine*), né à Bruxelles en 1570, mort dans la même ville.

Salaert a peint l'histoire d'une manière très distinguée, et des paysages qui rappellent le coloris et le mode d'exécution de Rubens : *une Procession*. L'infante Isabelle ayant, en 1615, abattu l'oiseau qui avoit été placé sur le clocher de l'église de Notre-Dame des Sablons, à Bruxelles, institua en mémoire de cet événement une procession annuelle où devoient assister douze pauvres filles qu'elle dota : tel est le sujet du tableau de Salaert (Coll. de France).

Mahue (*Guillaume*), de Bruxelles; Brun (*Augustin*); Holsman (*Hans-Jean*), de Cologne; Brentel (*Frédéric*), de Strasbourg; Alsloot (*Daniel Van*), peintre de l'archiduc Albert; Haen (*David de*), de Rotterdam, sont des artistes qui ont eu dans leur temps de la réputation, particulièrement dans le portrait; on en parle peu maintenant : ce qu'en disent les historiens est d'un bien foible intérêt pour les arts et le commerce.

Badens (*François*), né à Anvers en 1571, élève de son père, peintre médiocre, et de Jacques Matthieu, en Italie.

Il s'est distingué dans le portrait et dans l'histoire, jusqu'à mériter d'être surnommé *l'Italien*, par ses compatriotes à son retour à Amsterdam. Badens s'est livré avec succès aux sujets des scènes familières dans la mode du siècle où il a vécu : plusieurs de ses tableaux, dans ce dernier goût, sont estimés.

BADENS (*Jean*), fils du précédent, né à Anvers en 1576, mort en 1603. Nous n'avons aucun renseignement sur cet artiste, qui, à son retour d'Italie, fut singulièrement employé en Allemagne, par les princes qui faisoient beaucoup de cas de ses talents.

FRANÇOIS (*Lucas*), né à Malines en 1574, mort en 1643, contemporain d'Adam Elzhaimer, peintre d'histoire et de portraits.

Il eut la qualité de Peintre de la cour de France et d'Espagne : on conserve plusieurs de ses ouvrages dans les cabinets de Malines.

LIEMACKER (*Nicolas de*), surnommé *Roose*, né à Gand en 1575, mort en 1646, élève d'Otto Venius, élu chef ou doyen des Peintres de Gand, en 1628.

Cet artiste est du nombre de ceux qui ont honoré la grande école d'Otto Venius, la plus célèbre des Pays-Bas, pour l'éducation des beaux-arts. Rubens fesait le plus grand éloge de notre artiste ; en effet, ses compositions sont fameuses, d'une belle ordonnance, quelquefois colossales, mais d'un assez bon goût de dessin ; son coloris est souvent trop rouge, défaut qu'il a racheté quelquefois par des qualités qui le rapprochent de Rubens. Son tableau représentant *la Chûte des*

Anges, dans l'église de Saint-Nicolas, à Gand, est le plus bel exemple qu'on puisse citer de sés rares talents; on peut placer au même rang son tableau représentant *la Sainte-Trinité*, dans l'église de Saint-Jacques, même ville. De Liemacker n'a presque point fait de tableaux de chevalet, c'est pourquoi nous indiquons le plus qu'il nous est possible ceux dont il a orné les édifices religieux.

Le Jugement dernier, composition considérable (église de Saint-Jacques, à Gand); *la Vierge, l'Enfant Jésus dans une gloire entourée de Saints* (plafond de la chapelle de l'évêque, dans l'église de Saint-Bavon, *ibid.*); *Jésus-Christ dans le désert, Jésus-Christ réveillé par ses disciples pendant la tempête, la Résurrection du Lazare, le Miracle de l'Aveugle, les Vendeurs chassés du Temple, la Transfiguration, le Démon chassé du corps d'un possédé, la Samaritaine, la Guérison des malades, la Pêche miraculeuse, l'Entrée de Jésus-Christ dans Jérusalem*, douze grands tableaux qui décorent l'église de Saint-Sauveur, à Gand; *la Présentation au Temple* (église des Béguines, même ville); *la Naissance de Notre-Seigneur, Saint-Benoist célébrant la Messe à l'intention des âmes du Purgatoire, l'Apparition de la Vierge et de sainte Humbline à saint Benoist* (abbaye des Dames de Niewen-

Boesche), *l'Apparition de la Vierge à saint Do-minique* (aux Dominicains, à Bruges).

Pépin (*Martin*), natif d'Anvers, contemporain de Rubens.

Il a été loué par les Romains et recherché pendant son séjour en Italie ; Veyermans dit avoir vu des tableaux magnifiques de Pépin, et ajoute qu'il égaloit Rubens : nous croyons devoir confirmer cet éloge, en assurant qu'il n'est point exagéré à beaucoup d'égards, mais cependant sa touche, un peu sèche quelquefois, et son style le rapprochent plus des Franck que de Rubens.

Bray (*Jacques de*), fils de Salomon de Bray, natif de Harlem, mort en 1664.

Rixtel, dans ses poésies, fait l'éloge de Jacques, qui fut regardé dans son temps comme un des plus célèbres peintres de Harlem : son ouvrage le plus remarquable est indiqué dans le cabinet de l'amateur Van Halen ; le sujet est *David iouant de la harpe devant l'Arche, accompagné d'une nombreuse suite de Prêtres et de Lévites ;* le coloris a retenu l'éclat de toute sa fraîcheur. Les dessins de Jacques de Bray sont remarquables par une touche fière, savante, exécutés au crayon rouge et noir avec beaucoup de goût ; la plupart étoit dans les portefeuilles de l'amateur Isaac Delcour, en 1753.

(47)

Grobber (*François*), élève de Savery, fils de Pierre Grobber.

Van Mander dit que ce peintre excelloit à peindre le portrait en grand et en petit.

Someren (*Bernard* et *Paul*), nés à Anvers ; l'un et l'autre se sont fait une réputation en Italie et à Amsterdam, en faisant le portrait.

Voort (*Cornille Van der*), né à Anvers en 1580.

On estimoit ses portraits pour la ressemblance et la fraîcheur du coloris.

Heck (*Nicolas Van der*), élève de Jean Naeghel et descendant de Martin Hemskerk, suivant les historiens Houbraken et Weyermans, qui nous apprennent encore qu'il fut aussi habile dans l'histoire que dans le paysage.

On conserve de cet artiste trois bons tableaux dans la Maison-de-Ville d'Alcmaer ; ils représentent *le Jugement terrible du roi Cambyse, le Jugement de mort prononcé contre le bailli de Zuyt Holland*, qui fut décollé pour avoir volé une vache à un paysan ; *et le Jugement de Salomon*.

Delmont (*Déodat*), né à Saint-Tron en 1581, mort à Anvers en 1634.

Le poète de Bie fixe l'attention sur les connoissances de cet artiste, fort étrangères à notre sujet ; l'objet principal est qu'il fut intime ami

de Rubens, qu'il devint son élève, son compa
gnon de voyage en Italie, et qu'il a profité de
leçons du grand homme, ce qui est constaté par
d'excellents ouvrages qui décorent plusieur:
monuments religieux à Anvers ; les principaux
sont : *l'Adoration des Rois* (au monastère de:
femmes nommé *Facons*), *la Transfiguration de
Notre-Seigneur, et le Portement de Croix* (l'un
dans l'église de Notre-Dame, l'autre dans l'église
des anciens Jésuites).

Borgt (*Henri Van der*), né à Bruxelles er
1583, élève de Gilles Valkenburg.

Il nous reste peu d'ouvrages de cet artiste
qui s'est fait remarquer par ses connoissance
de l'antique et ses liaisons avec des savants de
son temps, tel que le comte d'Arundel, qu
avoit pour lui une estime toute particulière ; i
a même aidé ce savant Anglois dans ses recher
ches sur les antiquités grecques et romaines qu
composoient sa Collection.

Schooten (*Georges Van*), né à Leyde en 1587
élève de Koenraet Van der Maes.

On voit aux buttes de Leyde plusieurs ta
bleaux d'histoire et des portraits de Schooten.

Valks (*Pierre*), né en 1584.

Après avoir parcouru l'Italie, il revint dan
sa patrie où il se fit remarquer dans diver
genres, particulièrement l'histoire le portrai

et le paysage. La cour des princes, à Lewarde, est décorée de plusieurs de ses ouvrages dans divers genres.

Terbruggen (*Henri*), né en Transylvanie en 1588, mort à Utrecht en 1629, élève d'Abraham Bloemaert.

Descamps remarque que Sandrart et de Bie se sont trompés sur le nom et la naissance de cet artiste, qu'ils font naître à Utrecht et qu'ils appellent Verbruggen : j'ai vérifié avec soin cette erreur pour la redresser de nouveau. Il est important de ne point affoiblir le gloire d'un artiste en attribuant ses meilleurs ouvrages à un nom supposé : je ne cite qu'un tableau de Terbruggen, qui fit dire à Rubens, qu'il étoit la production d'un des grands peintres de la Flandre ; il représente *un Festin*, figures de grandeur naturelle. Deux autres qui n'étoient pas moins admirés par notre autorité, sont indiqués dans les Collections de Van der Streng, à Middelbourg ; et Verbruggen, à Delft : notre artiste a encore fait en Italie de fort bons tableaux qui sont dispersés dans plusieurs églises à Naples.

Fedes (*Pierre*), natif d'Harlingen.

On a de lui des estampes gravées à l'eau-forte avec cette signature *P. Harlingensis*. Houbraken le désigne comme un excellent peintre de portraits, en indiquant celui de notre artiste tenant sa palette, marqué *Petrus Fedes Pictor.*

VENNE (*Adrien Van der*), né à Delft en 1589, élève de Jérôme Van Diest.

Artiste qui a autant écrit que peint et dessiné. Les figures qui ornent l'édition des OEuvres du chevalier *Cats,* poète hollandois, ont été gravées d'après ses dessins originaux; il a également fourni beaucoup de vignettes aux imprimeurs de son temps. On y remarque un assez bon goût, de l'invention et de l'abondance. Ses tableaux s'en ressentent; il en a fait une quantité prodigieuse : le plus considérable avoit douze aunes de longueur; le sujet est une des fameuses batailles de Flandre. Le roi de Danemarck, le prince d'Orange, ont recherché ses ouvrages. Nous avons de Van der Venne quelques ouvrages littéraires, des *emblêmes,* l'*Étincelle sur la Tourbe hollandoise,* le *Rêve sur la nouvelle Sagesse,* la *Folie du vieux Maréchal italien,* in-12, avec le *Tableau du Monde ridicule,* 1635, in-4.

TORENTIUS (*Jean*), né à Amsterdam en 1589, mort en 1640.

Théodore Schrevelius, dans son Histoire de Harlem, a fait mention de ce peintre en flétrissant sa mémoire; ce qu'il en dit ayant été rapporté d'après les actes publics, on ne peut rien en réfuter. Persécuté pour ses opinions erronées en matière de religion, Torentius le fut également pour ses œuvres en peinture, recherchées d'ailleurs par la finesse, le goût et l'exécution, mais composées d'actions qui font rougir la pudeur. Peu ont échappé à la justice ; tout ce qu'elle en a découvert a été brûlé par la main du bourreau. Pétrone, l'Arétin, furent ses modèles : ainsi que le dernier, il visa à la gloire d'être considéré comme le fléau de la morale publique. Triste gloire ! puisqu'elle entraîne après elle une flétrissure éternelle.

LINSCHOOTE (*Adrien*), né à Delft en 1590, mort très âgé, élève de Spangolet.

On a peu de chose de cet artiste, dont la conduite fut très déréglée. Ce qu'on cite de plus satisfaisant consiste en deux tableaux d'histoire, représentant, l'un, *Saint Pierre devant la servante de Pilate ;* l'autre, *le Repentir du même Saint.* Ces tableaux, indiqués en Hollande, ont été loués par ses historiens. On rappelle encore de Linschoote quelques tableaux de genre, répandus dans diverses Collections du même pays.

SOUTMAN (*Pierre*), né à Harlem vers 1580, élève de Rubens.

La réputation de cet artiste près les cours de Berlin et de Varsovie, a peu touché Descamps, qui ignore sa naissance, ses œuvres, jusqu'aux pièces sorties de son burin. Soutman a peint l'histoire et le portrait; il a aussi gravé; mais, comme dit M. Watelet, dans cet exercice il s'est toujours montré plus peintre que graveur. On a de cet artiste plusieurs sujets estimés, entre autres le *Grand-Sultan à cheval, accompagné de ses principaux officiers à la tête de son armée :* dans le lointain on voit des chameaux et des bagages ; *l'Enlèvement de Proserpine, Chasse au Lion, Chasse au Loup, Chasse au Sanglier; les Portraits de l'empereur Adolphe de Nassau, de l'impératrice, femme de Ferdinand II, reine de Hongrie et de Bohême; Philippe,* dit *le Bon, duc de Bourgogne.* Soutman a gravé une grande partie de ses œuvres en peinture, et aussi d'après Rubens et autres maîtres. Nous ne citerons que deux pièces rares de son burin, *un Christ en croix, clamans voce magna,* d'après Rubens, et la fameuse *Cène* par Léonard de Vinci, qui décore le réfectoire des Dominicains, à Milan, pièce que Soutman a gravée d'après un dessin de Rubens fait à Milan. On ne conçoit pas comment une réputation si fermement établie, puisse être oubliée par un historien compatriote.

Roodtseus (*Jean*), élève de Pierre Lastman ; il florissoit vers 1590.

Ses historiens le comparent à Bartholomé Van der Helst, et citent de lui quelques tableaux qui décorent les buttes anciennes et nouvelles de la ville d'Horn en Hollande. Il paroît que le portrait fut son principal talent.

Gheest (*Wibrand*), né en Frise.

On peut juger des études qu'il fit à Rome, dans le livre intitulé *Cabinet des Statues*, imprimé à Amsterdam en 1702. Son exactitude d'après l'antique lui attira le surnom de *Noble Frisois*, par les Italiens.

Gheest (*Jacques de*), natif d'Anvers.

Nous renvoyons aux poésies du célèbre Vondel pour s'éclairer sur les talents de cet artiste, dont on ne connoît presque rien.

Snayers (*Pierre*), né à Anvers en 1593, élève, à ce qu'on croit, de Henri Van Balen.

Les églises et les principales maisons de Bruxelles sont enrichies des ouvrages de ce grand peintre, qui a excellé dans l'histoire, le portrait, la bataille, le paysage, les animaux, et qui a réuni à ses vastes compositions un coloris d'une grande richesse et d'une grande fraîcheur. Les cours de Vienne et d'Espagne possèdent d'excellents ouvrages de cet artiste ; on cite entre autres ses peintures qui ornent la galerie de l'archiduc Léopold-Guillaume. M. le comte de Vence possédoit dans sa Collection un tableau de Snayer, représentant le portrait d'un célèbre peintre de paysage. Rubens faisoit le plus grand cas de ses talents, et Van Dyck a fait son portrait pour être placé parmi les grands hommes de son temps.

Bie (*Adrien de*), né à Lierre en 1595, élève de Wouters Abts, et de Rudolf Shoof; peintre au service de Louis XIII, et père du poète Cornille de Bie, qui a écrit en vers la Vie des Peintres.

A Rome plusieurs cardinaux encouragèrent Cornille de Bie, qui entreprit, pour ses protecteurs, plusieurs sujets peints sur des plaques d'or et d'argent, et sur des pierres précieuses : ce qu'on en a conservé montre de l'étude, du soin et de la pureté.

L'ouvrage qui a le plus affermi sa réputation représente *Saint Éloy*, placé dans l'église de Saint-Gommer à Lierre.

Hofman (*Samuel*), natif de Zurich, mort en 1640, élève de Rubens.

Il a beaucoup travaillé pour le duc de Milan : l'ouvrage qui a le plus contribué à sa réputation orne la chambre du conseil à Zurich.

Horst (*Nicolas Van der*), natif d'Amsterdam, mort à Bruxelles en 1646.

Cet artiste a plus dessiné que peint; aussi ses dessins, estimés, ne sont pas rares : plusieurs ont été gravés pour l'ornement de la typographie.

KAGER (*Matthieu*), natif d'Augsbourg.

L'électeur de Bavière fut un de ses grands protecteurs. Plusieurs de ses ouvrages ont été gravés. Les historiens ne citent rien de son pinceau.

EYKENS (*Pierre*), né à Anvers en 1599 : surnommé *le Vieux*.

Ses principaux ouvrages sont à Anvers. A la cathédrale, *Sainte Catherine disputant contre les docteurs païens;* dans l'église de Saint-André, à la chapelle de la Communion, *la Cène;* au grand autel de l'église des pères Bogaerde, *Saint Jean prêchant dans le désert.* A Malines, dans l'ancienne église des Jésuites, *Saint Xavier qui baptise un roi idolâtre,* et *le même Saint ressuscitant un mort.* Tous ces ouvrages ne sont pas sans mérite. Eykens peignoit très bien des camayeux, des bas-reliefs pour les peintres de fleurs : les paysagistes l'employoient aussi souvent pour orner de figures leurs tableaux. François et Jean Eykens, ses fils, se sont distingués dans la peinture.

JACOBS (*Hubert*), né à Delft, mort dans le Briel en 1628 : surnommé *Grimany.*

Sa manière trop hâtive, dans le portrait, a fait oublier la réputation dont il a joui dans son temps.

Paulutz (*Zacharie*), né à Amsterdam en 1600.

La réputation que cet artiste s'est faite dans le portrait, a été conservée par les historiens hollandois. On connoît de Paulutz deux fort bons tableaux, représentant, l'un, *les Portraits de la Noblesse et des principaux Officiers bourgeois arquebusiers*, portant la date de 1620 ; et l'autre, *les Portraits des chefs de cette Compagnie, au nombre de sept.*

Sprong (*Guérard*), élève de son père ; il florissoit dans le portrait vers 1620. Ses tableaux, placés dans les buttes de la ville de Harlem, lui assignent un rang distingué parmi les bons artistes de son temps.

Grebber (*Pierre*), natif de Harlem, florissoit en 1645.

Ses ouvrages et son école lui ont assuré une gloire éternelle. Son style et son goût nous servent de. guides pour louer ce grand peintre, négligé par les historiens, et qui a laissé les traces d'un beau talent dans l'histoire et le portrait. La ville de Harlem, et les cabinets des curieux étrangers, conservent les précieux travaux de Grebber : en France ils sont peu connus.

Pot (*Henri*), natif de Harlem, a mérité les suffrages de son siècle. Il a peint avec autant de succès l'histoire et le portrait. Théodore *Schrevelius* fait le plus grand éloge de son tableau représentant *Judith qui coupe la tête d'Holopherne :* on n'estime pas moins *la Pompe triomphale du prince d'Orange,* et *les principaux Officiers de la compagnie des Arquebusiers.* Outre ces tableaux, conservés dans la cour des princes à Harlem, on a de Henri Pot d'excellents portraits, ceux du Roi, de la Reine d'Angleterre, et de plusieurs grands personnages de cette cour, dont les Anglois font beaucoup de cas. Son école a formé plusieurs artistes célèbres.

SUSTERMANS (*Juste*), natif d'Anvers.

Appelé de très bonne heure près du grand-duc de Florence, avec le titre de peintre de la cour de ce prince, il est peu connu dans son pays. Presque tous ses ouvrages sont en Italie, et particulièrement à Florence. Cochin, dans son Voyage d'Italie, n'a pas manqué de faire mention de cet artiste, qu'il appelle *Suterman.* Il décrit un de ses tableaux qui décore la Galerie de Florence, représentant *les Florentins faisant un acte de soumission à un Médicis, assis entre sa mère et sa grand'mère.* C'est une grande et belle composition, dit Cochin; la couleur en est d'une vérité admirable et d'une grande vigueur; les têtes, qui sont toutes des portraits, sont touchées et peintes d'une manière hardie, facile, savante, et sont bien caractérisées : tous les habillements sont noirs, et comme ils ont encore noirci, l'effet général du tableau est détruit : cependant on juge bien encore de son mérite. Il y a , sur le devant, un fleuve nu et une femme dans le goût historique, qui ne sont pas si bien traités que le reste : la tête de cette femme est belle , mais elle a trop l'air d'un portrait. Le fleuve est d'un caractère de dessin chargé, sans être grand, et la couleur n'en est pas belle. On voit que la partie dans laquelle excelloit ce peintre, étoit le portrait. J'ai recueilli le jugement de Cochin sur notre artiste, pour achever l'ébauche informe qu'en donne Descamps, dans son 2ᵉ vol., page 44.

Egmont (*Juste Van*), né à Leyde en 1602, mort à Anvers en 1648.

Il paroît que cet artiste qui étoit ingénieux dans l'invention, fut employé par Simon Vouet à composer des cartons pour les manufactures de tapisseries : c'est ce que nous apprend Felibien, qui l'appelle *Juste d'Egmond*; Descamps le fait peintre de Louis XIII, de Louis XIV, sans autre autorité que la sienne; mais ce qui est certain, c'est que Juste Van Egmont fut un des douze anciens qui composoient l'Académie royale de Peinture et de Sculpture de Paris, à sa fondation le 20 janvier 1648. Sur la première liste de l'exposition publique des œuvres de cette Académie en 1673 (1), je trouve Juste pour être l'auteur des portraits de *M. et Mme Perceval, et de celui de leur fils*, et nous n'hésitons pas de croire que c'est le même dont nous parlons, et qui, sous les auspices de Vouet en France, n'étoit connu que par le nom de *Juste.*

BRONKHORST (*Jean Van*), né à Utrecht en 1603, florissoit en 1639, comme un des plus grands peintres sur vitres : on le croit élève de Jean Verburg, qui excelloit aussi dans ce genre de peinture ; mais Bronkhorst, plus tard, inspiré par les conseils de Poelenburg, son ami, entreprit de peindre à l'huile, et fit des tableaux de chevalet qui sont estimés.

KNUPFER, d'autres écrivent KNUFER (*Nicolas*), né à Leipsick en 1603, élève d'Abraham Bloemaert ; aux talents de cet artiste, il faut ajouter la gloire d'avoir formé de grands peintres tels que Jean Steen, Ary de Voys, et plusieurs autres qui ne font pas moins d'honneur aux nations qui nous occupent.

Knupfer a peint *trois Batailles* pour le roi de

____

(1) J'ai publié cette liste, fort rare, dans mes trois Siècles, etc. page 68.

Danemarck, gagnées par les prédécesseurs de
ce prince. Campo Weyermans fait la description d'un tableau de Knupfer, qui représentoit
*une Bergère couronnée de fleurs et conduite par
un Berger :* on voit, dit-il, dans la physionomie
du berger, un respect qui touche autant que la
pudeur et la bienséance de la bergère. Le pinceau de notre artiste est fin et spirituel, et son
exécution d'un beau fini. *Une Jolie Femme en
prières, l'Assemblée des Dieux, des Enfants se
groupant avec des fleurs* (Coll. de Fagel, à La
Haye).

Cossiers (*Jean*), né à Anvers en 1603, élève
de Cornille de Vos.

Il fut très estimé dans son temps, et considéré
comme un habile peintre d'histoire : sa manière
est large, son dessin est assez régulier. Il ornoit
ordinairement d'architecture les fonds de ses
tableaux : son coloris, d'une assez bonne qualité, tire cependant un peu trop sur le jaune.
Cossiers a beaucoup travaillé pour l'archiduc
Léopold et pour le roi d'Espagne : en 1639 il
étoit Directeur de l'Académie d'Anvers, et ce
que nous avons recueilli de ses ouvrages publiés, consiste dans les morceaux suivants :

La Passion de Notre-Seigneur, en cinq tableaux, au-dessus de l'autel ; *le Crucifiement de
Notre-Seigneur,* en trois morceaux qui se ter-

minent à la voûte (dans l'église des Béguines, à Malines); *la Naissance de Notre-Seigneur* (aux religieuses de Sieckelieden); *la Présentation au Temple*, beau tableau (au Séminaire).

BYLERT (*Jean*), natif d'Utrecht.

Sa réputation est venue jusqu'à nous par les vers de Cornille de Bie, lequel nous apprend encore que presque tous ses ouvrages furent transportés dans les cours de l'Europe.

KOUWENBERG (*Cristiaen-Chrétien*), né à Delft en 1604, mort à Cologne en 1667.

On voit plusieurs tableaux de cet artiste dans les châteaux de Riswick et aux Bois; ils prouvent ses connoissances dans l'anatomie et son intelligence dans les sciences du clair-obscur et du coloris.

RY (*Pierre Dankers de*), né à Amsterdam en 1605.

Fut attaché au roi de Suède, Uladislas IV, en qualité de son peintre de portraits; c'est tout ce qu'on sait de ce peintre.

FRANÇOIS (*Pierre*), né à Malines en 1606, mort en 1654, élève de son père Lucas-François, et de Guérard Seghers.

Son grand mérite consistoit à peindre en petit des sujets de divers genres, dans lesquels on remarque de l'invention, de la pureté et un excellent coloris: à l'égard du choix et du coloris,

il approche souvent de fort près Gonzales Coques dans le portrait, et il ne fut pas moins estimé
ni moins recherché : l'archiduc Léopold avoit
une singulière estime pour lui. Les religieuses
de *Bethanien*, à Malines, conservent dans leur
église deux grands tableaux de Pierre-François,
représentant *deux Papes et deux Evêques de
l'ordre des Chanoines réguliers*, lesquels développent des talents assez beaux pour faire apprécier la capacité de cet artiste dans les deux
genres qu'il a traités : les paysagistes de son
temps eurent souvent recours à son pinceau.

PRIMO (*Louis*), surnommé *Gentil*, né à
Bruxelles en 1606, mort en 1657.

Le long séjour qu'il fit à Rome a privé ses
contemporains de beaucoup d'éclaircissements
sur ce qui le concerne. Quoi qu'il en soit, le
peu de monuments qu'on a recueillis de ses
talents, suffisent pour montrer que Primo peut
figurer dans un rang supérieur : sa manière est
large, facile et d'un grand goût. Nous citons à
l'appui de cette opinion, *Notre-Seigneur attaché
sur la croix, et plusieurs Anges qui présentent au
Père Eternel la Victime divine* (paroisse de Saint-
Michel, à Gand). L'histoire indique un excellent
portrait de Primo, représentant *une Femme en-
veloppée dans un crèpe noir* (Coll. de Cauwerven,
à Middelbourg). A Rome, il a peint les *Portraits*

(63)

*du pape Alexandre VII, et de plusieurs cardi-
naux.* Les ouvrages de Primo Gentil sont assez
rares pour les recueillir partout où on peut en
trouver d'intéressants: en voici un de la Collection de M. de Burtin; c'est *un Paysage de Van
Artois,* orné de figures par notre artiste : Gentil
s'y est peint lui-même avec huit autres artistes
de ses amis, formant ensemble une compagnie
de baigneurs: M. Burtin donne une description
fort satisfaisante de ce tableau, qu'il intitule *les
Baigneurs.*

Sandrart (*Joachim*), né à Francfort-sur-le-
Mein, en 1606; mort à Nuremberg en 1683;
élève de Guérard Honthorst.

Comme historien, nous faisons connoître
Sandrart dans notre introduction (1). Comme
artiste, il a joui d'une réputation colossale; ses
partisans l'ont placé sur la ligne des Guide, des
Guerchin, des Lanfranc, des Dominiquain,
et même du Poussin; sentiment que nous ne
partageons pas. Si on juge l'artiste d'après l'influence qu'il eut sur ses contemporains, le prix
excessif qu'il vendit ses ouvrages (2), et la for-

____

(1) Page xij.

(2) Sandrart, de son vivant, fit une vente de ses
tableaux et de ses dessins, qui monta à la somme de
40,566 florins, somme qui lui servit à rétablir son

tune qu'il laissa en mourant, sa gloire ne reposeroit encore que sur des opinions passagères; mais comme de tels abus ne trompent jamais le juge impartial et encore moins la postérité, il faut juger le talent par les œuvres, et non par les illusions de la renommée.

Sandrart, en Italie, paroît s'être attaché particulièrement à l'école florentine, à *Léonard de Vinci* surtout, mais avec une telle servitude, qu'il est tombé dans l'espèce d'afféterie de quelques-uns des imitateurs du célèbre Florentin; de sorte qu'en s'éloignant tout-à-fait du goût flamand, on peut le comparer à *Lorenzo di Credi*, *André Solario*, *Aurelio Luini* : c'est ce dernier surtout qu'il touche de plus près; quelquefois il a imité Holbein : ainsi resserrés dans les bornes étroites d'une froide imitation, les talents d'artistes même très habiles ne survivent que pour attester l'impuissance du génie. Les ouvrages de Sandrart, écrits en allemand et en latin, ont rendu plus de service aux arts, que ses tableaux qui ne sont cependant pas à dédaigner; plusieurs sont recueillis et conservés précieusement dans diverses Collections de l'Europe.

Le comte d'Arundel, Maximilien duc de

---

château de Stockau, qui avoit été incendié par l'armée françoise.

Bavière, l'empereur Ferdinand, le cardinal Barberin, ont employé le pinceau de Sandrart. Parmi ses morceaux remarquables, on cite *un Saint Jérôme* et *une Madeleine* (Coll. du roi d'Espagne), *une Pompe en l'honneur de Marie de Médicis* (à Amsterdam).

QUELLIN père (*Érasme*), né à Anvers en 1607, mort dans la même ville en 1678, élève de Rubens.

Les ouvrages de cet artiste rappellent la bonne école de son maître, tant à l'égard du choix que du coloris : on les distingue surtout par une grande sagesse dans les idées, une belle entente du clair-obscur, et une régularité dans le dessin, peu ordinaire chez les Flamands : l'architecture, qu'il entendoit très bien, répand de la richesse dans ses compositions. Ce jugement paroît plus sain que celui de Cornille de Bie, si exagéré, que ne trouvant plus de peintres sur la terre qui puissent égaler Érasme Quellin, il élève ses ouvrages au-dessus des plus rares chefs-d'œuvre de la bonne antiquité.

On peut encore apprécier le mérite d'Érasme Quellin d'après ses travaux publics : *la Naissance de Notre-Seigneur*, beau tableau (église de Sainte-Catherine, à Gand); *le Repos de la Vierge, pendant sa fuite en Egypte* (église de

Saint-Sauveur, à Gand); *les quatre Pères de l'Église, Saint Jérôme, Saint Grégoire, Saint Augustin, Saint Ambroise* (Coll. de France). Quellin, à l'imitation de Van Dyck, s'est immortalisé aussi glorieusement que généreusement, en faisant les portraits, par estime, des plus grands artistes de son temps.

Quellin (*Jean-Érasme*), fils du précédent et son élève, né à Anvers en 1629, mort dans la même ville en 1715.

Jean Quellin composoit dans le goût de Rubens et de Paul Véronèze; il avoit étudié ce dernier avec beaucoup de soins, à Venise. Sage dans ses conceptions, abondant mais discret, rien n'est inutile dans ses tableaux : l'expression, surtout, est un des points qui a le plus excité son émulation; et ses principaux personnages attirent l'attention à cet égard. Il eut, comme son père, une haute intelligence du clair-obscur et même de l'architecture dont il ornoit ses fonds. Nous allons citer les ouvrages qui l'immortalisent : *les quatre grands Festins de l'Écriture-Sainte* (au réfectoire de l'abbaye de Saint-Michel, à Anvers), entreprise d'une haute capacité, et qui, à bien des égards, rappelle le vaste génie de *Paolo Caliari*, dit *Véronèze*, sur le même sujet : dans la même abbaye, on remarque encore de notre artiste *Notre-Seigneur qui* guérit *les malades,* composition remplie de variété, d'expression et de vie ; l'architecture en est admirable : c'est le morceau de Jean Quellin qui s'approche le plus de *Caliari.* Les morceaux qui suivent ne sont pas moins remarquables.

Le Martyre de Gorcum, l'Adoration des Rois (le premier dans la susdite abbaye, le second à Notre-Dame de Malines) ; *le Repas chez Siméon le Pharisien* (église des Augustins), plusieurs sujets tirés de la Vie de saint Charles Borromée, cinq tableaux (église des Béguines) ; autres sujets tirés de la Vie de saint Xavier (ancienne église des Jésuites) ; à Bruges, *l'Assomption* (ancienne église des Jésuites) ; dans la bibliothéque des Augustins, *les Quatre Évangélistes, les Quatre Docteurs de l'Église, les Arts et les Sciences,* en dix pièces ; dans le réfectoire, *l'Annonciation, la Madeleine pénitente, Saint Pierre, David jouant de la harpe, Ananie et Saphire, Saint Augustin en costume d'évêque, et Jésus-Christ près de lui en pèlerin ; Saint Augustin méditant sur le bord de la mer le Mystère de la Sainte-Trinité ;* dans la chambre d'hôtes, *Saint Jean prêchant dans le désert, Loth sortant de Sodôme avec sa femme et ses filles ; le Publicain et le Pharisien, le Déluge, les Inquiétudes de la bonne Conscience et les Quatre Saisons.*

N. B. Nous croyons que les quatre Pères de l'Église

indiqués sur la Notice explicative du Muséum, sous le, nom de *Quellin père*, sont de *Quellin fils*.

LIEVENS (*Jean*), né à Leyde en 1607, élève de Pierre Lastman : on ignore l'année de sa mort.

Ce qu'on sait de certain sur diverses époques de sa vie, c'est qu'en 1630, il fit à la cour de Londres, *les Portraits du Roi, de la Reine, du Prince de Galles et de plusieurs autres seigneurs ;* qu'en 1641, il entreprit plusieurs tableaux d'histoire par les ordres du prince d'Orange, et *la Continence de Scipion*, pour les bourgmestres de Leyde, et que peu de temps après, il fit les portraits du bourguemestre *Lambert Reynest*, de madame *Alida Bikker*, de l'amiral *Michel Ruyter*, et du vice-amiral *Cornille Tromp*.

Le poète Vondel a célébré les talents de Jean Lievens; Philippe Engels, dans son éloge de la peinture (1), n'a point oublié ce célèbre artiste; il loue, avec toute l'impartialité d'un historien connoisseur et sans passion, son tableau qui fait l'ornement de la Galerie ducale de Brunswick, représentant *Abraham avec son fils Isaac, après le sacrifice du bélier,* composition admirable, et qu'il est de toute justice de placer sur la première ligne des plus belles productions des

_____

(1) Publié en 1642.

écoles qui nous occupent : la Collection de France l'a possédé pendant quelques instants ; l'époque en est trop récente et trop funeste pour ne pas se la rappeler. Philippe Engels cite avec autant d'intérêt le sujet de *David et Bethzabée*.

LINT ou LIN (*Pierre Van*), né à Anvers en 1609, plus connu en Italie qu'en Flandre.

Le cardinal *Jevasi*, doyen et évêque d'Ostie, a singulièrement occupé Van Lint ; et Christian IV, roi de Danemarck, fit passer une grande partie de ses ouvrages dans son royaume. Van Lint peignoit avec le même succès en grand comme en petit : on a de lui plusieurs tableaux qui sont estimés ; Le Brun porte à 1,000 liv. ses plus précieux. Parmi ses ouvrages publiés, on distingue *les Peintures de la chapelle de Sainte - Croix, dans l'église de la Madona del Popolo* (à Rome), et trois tableaux, dans l'église des Carmes, à Anvers.

CONINGH ou KONING (*Salomon*), né à Amsterdam en 1609, élève de Vernando et de Nicolas Moyaert.

Les ouvrages de cet artiste sont très recherchés par les amateurs : Le Brun porte à 2,400 liv. ses tableaux de cabinet, et il en a fait de fort précieux : il s'est également distingué dans plusieurs tableaux d'histoire de grandeur naturelle ; les Pays-Bas en conservent beaucoup. En voici quelques-uns que l'histoire a publiés : *Tarquin et Lucrèce*, *David et Bethzabée* (Coll. de Huyde-Kooper), *les Regrets de Juda*, *qui jette la bourse aux pieds du Grand-Prêtre* (Coll. de Bruining); *Salomon qui adore les faux dieux* (Coll. de Jean Luycken), *Jacob aidé de Rébecca*, *surprenant à son père la bénédiction due par droit d'aînesse à son frère Esaü*; *l'Adoration des Rois* (Coll. de France). On doit trouver d'excellents tableaux de notre artiste dans la Collection du roi de Danemarck.

Heil (*Jean-Baptiste Van*), né à Bruxelles en 1609, frère de David Van Heil : Cornille de Bie, qui fait son éloge, dit que Van Heil vivoit encore en 1661. Il paroît qu'il s'est fait plus de réputation à peindre le portrait que tout autre genre.

Potma (*Jacques*), vivoit en 1610; il est mort à Vienne en 1684, premier valet de chambre d'un électeur; c'est aussi en peignant le portrait que son nom s'est conservé jusqu'à nous.

Donkers (*Jean* et *Pierre*), natifs de Gouda. Jean, mort fort jeune, a laissé peu de chose remarquable; Pierre, son cousin, élève de Jacques Jordaens, est mort à Paris en 1668, au retour du voyage de Rome avec le duc de Créqui. On a de Jean *les Portraits des Chefs ou Directeurs de la Maison de force, à Gouda*; et de Pierre, *les Portraits des principaux Seigneurs qui se rendirent à Francfort pendant l'élection de l'empereur Léopold.*

THOMAS (*Jean*), né à Ypres en 1610, élève de Rubens, nommé premier Peintre de l'empereur Léopold en 1661.

Les ouvrages de Thomas sont dispersés dans l'Italie, la Lorraine et l'Allemagne : plusieurs historiens s'accordent à le citer comme un des bons élèves de l'école où il a été formé. Diepenbecke, son ami, estimoit ses ouvrages; ils ont fait ensemble le voyage d'Italie.

BOOKHORST (*Jean Van*), surnommé *Langhen Jan*, né à Munster en 1610, élève de Jacques Jordaens; on ignore l'année de sa mort : on remarque que toute sa vie il n'a porté d'autre habit que celui d'abbé.

Bookhorst a imité tantôt son maître, tantôt Rubens, et dans le portrait il est tout près de Van Dyck; il en a fait d'admirables et qui trompent beaucoup d'yeux forts expérimentés. Dans ma balance du commerce des tableaux, j'estimerai un morceau de choix de Bookhorst, pur et bien conservé, depuis 1,000 jusqu'à 2,400 liv. Parmi ses ouvrages publics, on remarque : *une Épitaphe*, au milieu *la Résurrection*, sur les volets *l'Annonciation*, *la Résurrection de Notre-Seigneur*, pièces dignes de Van Dyck (église des

Béguines, à Anvers); *la Découverte de la vraie croix* (église des pères Bogaerde, même ville); *le Martyre de saint Étienne* (église du même nom, à Lille); *Saint Maurice* (église dédiée au même saint, *ibid.*); *Saint Hubert, prosterné devant un cerf qui porte un crucifix sur sa tête; l'Adoration du Saint-Sacrement, David après sa pénitence* (église paroissiale de Saint-Michel, à Gand); *le Martyre de saint Jacques* (église dédiée au même saint, *ibid.*); *l'Annonciation* (aux Annonciades, *ibid.*); *Notre-Seigneur en croix, entre les larrons;* au bas, *la Vierge* et *saint Jean* (dans la principale église de la petite ville de Loo), *l'Adoration des Rois, des Anges qui portent au ciel le portrait de saint Dominique* (église des Dominicains, à Bruges); *plusieurs sujets tirés des fables d'Ovide* (Coll. de Lucas de Schamps, à Gand); *la Sainte-Trinité,* tableau admirable (Coll. de Van Tyghem, même ville); *Esther devant Assuérus,* digne de Van Dyck (Coll. d'Acosta).

Koogen (*Léonard Van der*), né à Harlem en 1610, mort dans la même ville en 1681, élève de Jacques Jordaens.

Ses ouvrages ne sont point connus en France; il a peint en grand et en petit; j'ai vu un tableau de cet artiste tout-à-fait dans la manière de son maître, et d'un dessin assez irrégulier.

HANNEMAN (*Adrien*), né à La Haye en 1610 ou 1611 : on ignore le temps de sa mort; ce qu'on sait de positif, c'est qu'il étoit admis parmi les maîtres-peintres à La Haye, et du nombre des quarante-huit qui présentèrent leur requête de séparation en 1655, et nommé premier directeur ou doyen du Corps académique des artistes en 1665 : on le croit élève de Van Dyck ou de Ravestein. Cet artiste, qui n'a jamais voyagé, s'est fait remarquer dans le portrait par des talents rares, et il est souvent digne d'être placé sur la ligne des plus savants de son pays : on lui accorde même la justice de s'être approché assez près du célèbre Van Dyck. *Le Portrait de Guillaume II, prince de Nassau,* en est un exemple frappant, et le sien propre, qui est un chef-d'œuvre de coloris, d'expression, de goût et d'harmonie. Outre ses talents dans le portrait, il a exercé son pinceau dans l'histoire et l'allégorie; *la Paix désignée par une belle femme habillée en satin, assise sur un trône élevé de trois marches soutenu de deux colonnes, tenant sur ses genoux une colombe, et couronnée de lauriers par deux génies :* tableau ingénieusement composé et d'une couleur vraie et brillante (salle des États de Hollande); *la Justice et ses attributs* (salle des Échevins), *Mars appuyé sur ses armes,* tableau rempli d'expression (au même lieu).

Lengelé (*Martin*) ; le nom de cet artiste est inscrit sur les registres de l'Académie de La Haye, avec la qualité de Recteur en 1656, et un tableau qui représente *la Compagnie d'Orange avec son officier à la tête*, dans la grande salle de la Milice bourgeoise, à La Haye, sont les seuls monuments parvenus à notre connoissance, qui constatent l'existence de Lengelé.

Helt (*Nicolas de*), dit *Stokade*, né à Nimègue en 1613 ou 1614, élève de David Ryckaert, le Vieux.

Enlevé de bonne heure à sa patrie, par les Italiens qui le retinrent par estime pour ses talents, il ne la revit jamais, et ses ouvrages y sont très rares. La reine Christine de Suède, le roi d'Angleterre, le duc de Brandebourg, le prince d'Orange, achetèrent à l'envi ses ouvrages, partagés en divers genres, car il a peint l'histoire, la bataille, les animaux et le paysage pastoral : il paroît qu'il a aussi séjourné en France avec le titre de Peintre du Roi ; mais c'est à Rome et à Venise qu'il a passé la plus grande partie de sa vie.

Une Bataille (Coll. de M. Winckler, banquier, à Leipsick) ; *un Tableau d'Histoire* (au château de Frischau, en Moravie) ; *une Bataille au bord d'une plaine immense*, figures de cinq pouces de proportion (Coll. de M. de Burtin, à Bruxelles), *rare*.

Willaerts (*Abraham*), né à Utrecht en 1613, vivoit encore en 1660, élève de son père, de Jean Bylaert, et de Simon Vouet, à Paris.

Ce peintre, qui a voyagé en qualité de simple soldat sur la flotte destinée pour l'Afrique, commandée par le comte Maurice, a rapporté divers études sur les mœurs, les usages et le costume des peuples qu'il a observés, et, surtout, des études faites à Saint-Paulo, en Angola; c'est tout ce que nous savons de lui.

Flamael ou Flemael (*Bertholet*), né à Liége en 1614, mort dans la même ville en 1675, étant chanoine de la collégiale de Saint-Paul. Félibien nous apprend qu'il fut nommé professeur à l'Académie royale de Peinture et de Sculpture, lors de la fondation, à Paris. Pendant son séjour dans cette ville, il a été chargé de peindre le plafond de la chambre du roi, au palais des Tuileries, le dôme des Carmes déchaussés (rue de Vaugirard); ces peintures assez conservées se voient encore dans la même église ; elles représentent *l'Enlèvement d'Élie :* les Grands-Augustins, même ville, possédoient *une Adoration des Rois,* qu'on ne retrouve plus. Bertholet étoit un savant peintre, grand observateur des costumes de chaque temps et de chaque peuple. La plupart de ses tableaux enrichis de portiques, de colonnades, soumis à une perspective très régulière, prouvent ses grandes connoissances dans l'architecture et la géométrie : connoissances non équivoques, si on en juge encore d'après les églises des Chartreux et des Dominicains, à Liége, bâties sur ses dessins. Bertholet avoit un beau génie, du feu et une exécution large, facile et vigoureuse, et, nous le répétons, beaucoup d'exactitude. Il a peint en grand et en petit ; jetons un coup d'œil sur ses travaux.

La Religion ayant sur la tête une couronne antique : elle tient une bordure d'attente pour y recevoir un portrait ; plusieurs figures sont au-dessus avec les symboles de la France, tels que l'oriflamme, la sainte ampoule, un casque, une épée, et l'écusson de France (plafond de la chambre d'audience du Roi, aux Tuileries, achevé vers l'an 1670) ; *l'Épiphanie*, beau tableau qui fut exécuté pour M. Jean de Sauson, doyen de Saint-Denis ; *la Pénitence d'Ezéchias* (Coll. du roi de Suède) ; nous avons de ce savant peintre les portraits de *Maximilien Henri de Bavière*, évêque et prince de Liége ; le *comte de Monterey*, gouverneur des Pays-Bas, vers l'an 1680. Ses ouvrages, payés chèrement, lui procurèrent une fortune assez considérable pour faire bâtir une magnifique maison du côté de Saint-Rémi, sur les bords de la Meuse. Le Brun porte à 4,000 francs un bon tableau de Bertholet.

RAVESTEIN (*Arnaud Van*), né à La Haye en 1615, nommé doyen des peintres artistes de La Haye en 1661, élève de son père Jean Ravestein, célèbre peintre de portraits.

On ne peut rien dire de positif sur le talent de Arnaud, qui selon toutes les apparences ne fut qu'un bien foible imitateur de son père.

RAVESTEIN (*Nicolas*), né à Bommel en 1661, mort en 1750, fils de Henri Ravestein, élève de Jean de Baan.

Ses ouvrages les plus remarquables sont : *les Portraits du prince de Waldek, du comte de Erpack, du prince Guillaume de Hesse, du général Macquay et sa famille, du général Ramsay, de sa femme et ses enfants.* Ses portraits sont la plupart historiés, heureusement posés, et d'une belle couleur.

BÉRY (*Matthieu Van den*), né à Ypres en 1615, mort à Alcmaer en 1646, élève de Rubens.

Cet artiste, né sans génie, ne fut regardé pendant sa vie que comme un copiste ; sur le papier il dessinoit avec assez de goût : on conserve ses dessins dans les portefeuilles de la curiosité.

SCHAGEN (*Gilles*), né à Alcmaer en 1616, élève de Salomon Ravestein : il n'intéresse que foiblement sous le rapport de ses talents. On sait qu'en 1637 il étoit à Dantzick ; qu'à Elbing il fit *le Portrait du roi de Pologne*, et qu'à Paris, où il s'arrêta quelque temps, il fit *les Portraits de la famille de M. d'Ivry*. Cet amateur a encore employé Schagen à faire des copies d'après Michel-Ange, et surtout d'après Rubens. Il nous en reste d'après la galerie du Luxembourg, même grandeur, des tableaux originaux, qui ne sont pas sans mérite. A Londres, l'amiral Tromp mit à la disposition de Schagen une petite frégate, pour dessiner le combat entre lui et l'amiral espagnol d'Oquendo.

Jong (*Ludolf de*), né à Overschie, entre Rotterdam et Delft, en 1616, mort en 1697, élève de Jean Bylaert.

Comme peintre de portraits il fut estimé. On peut juger de son mérite par un tableau représentant *les Officiers bourgeois de son temps*, placé dans la salle des Princes aux buttes de Rotterdam.

Pauditz (*Christofle*), né dans la Basse-Saxe élève de Rembrandt, est considéré par quelques historiens comme un des bons élèves de ce grand maître. Il a laissé plusieurs ouvrages à Ratisbonne, chez l'évêque, et en Bavière, chez le duc Albert Sigismond.

Meert (*Pierre*), natif de Bruxelles : il floris

soit en 1620. Plusieurs salles de confréries de cette même ville sont ornées de ses portraits. Sa haute réputation repose en paix dans les poésies de Cornille de Bie : ce n'est plus que là où l'on trouve le coloris de Meert égal à celui de Van Dyck.

TEMPEL (*Abraham Van den*), né à Leyde en 1618, mort à Amsterdam en 1672, élève de Georges Van Schooten.

La ville de Leyde possède la plupart de ses ouvrages : on y admire le dessin, le coloris et l'exécution large, facile et savante. Le grand mérite de Van den Tempel est d'être ingénieux et vrai. Plusieurs de ses ouvrages sont cités comme des modèles d'une imitation parfaite ; ses chairs, ses étoffes rappellent les meilleurs coloristes. Dans le célèbre cabinet de Lacourt, à Leyde, on voyoit *les Portraits d'un Homme et d'une Femme*, que l'on a toujours regardés comme les chefs-d'œuvre de notre artiste. Les élèves sortis de son école ne font pas moins d'honneur à sa mémoire que ses œuvres ; les citer c'est achever son éloge : *François Mieris, Michel Van Muscher, Ary de Voys, Isaac Palling, Charles de Moor.*

JANSENS (*Cornille*), né à Amsterdam, mort à Londres, à ce que l'on croit.

Il a peint l'histoire en grand et en petit. En

Angleterre, il a peint le roi et les principaux seigneurs de ce royaume.

EVERDYCK (*Cornille*), issu d'une famille illustre, originaire de Tergoës, fut regardé, dans son temps, comme un bon peintre de portraits : sa famille en possède plusieurs.

SPILBERG (*Jean*), né à Dusseldorf en 1619, mort en 1690, élève de Govaert Flinck.

Le duc de Wolfgang prépara la réputation de Spilberg, en le nommant son premier peintre ; et l'électeur Palatin Philippe-Guillaume, héritier du duché de Wolfgang, le conserva à sa cour avec le même titre. Les monuments qui firent sa fortune et sa gloire ne sont point aujourd'hui contestés ; ils restent à la postérité comme les preuves non équivoques d'un beau talent. On a de Spilberg *le Portrait du duc de Wolfgang*, *de la duchesse Catherine Charlotte* son épouse ; *Philippe-Guillaume*, électeur Palatin ; *la Duchesse*, électrice ; *leur fille aînée*, depuis impératrice ; *la princesse Furstemberg*, *plusieurs princesses de Pologne*, *l'électeur de Brandebourg*. L'électeur Palatin exerça le pinceau de notre artiste dans l'histoire ; et Spilberg entreprit *les Travaux d'Hercule*, en grand, pour l'ornement du château de Dusseldorf.

ADRIENNE, fille aînée de Spilberg, peignoit avec distinction le portrait en pastel. Elle a épousé, en secondes noces, Eglon Van der Néer, habile artiste, qui étoit alors directeur de la Collection de l'électeur Palatin.

Boucquet (*Victor*), né à Furnes en 1619, mort en 1677, élève de son père Marc Boucquet.

Il a peint avec distinction l'histoire et le portrait. La grande église de Nieuport est ornée de deux de ses tableaux, représentant *les Trinitaires qui rachètent des esclaves chrétiens.* A Loo, dans le chœur de la principale église, on en compte sept; ils représentent *les Douleurs de la Vierge,* année 1658, 1659, 1660; *Saint Roch en prières pour obtenir la guérison des pestiférés,* même église, n'est pas moins remarquable, ainsi que *la Mort de saint François,* église des Récollets de Nieuport. Un des plus beaux morceaux de ce peintre, c'est *le Jugement de Cambise,* date de 1671; il occupe toute la profondeur de la salle d'audience, Hôtel-de-Ville à Nieuport.

Savoyen (*Charles Van*), né à Anvers en 1619, peignoit en petit, et tiroit assez ordinairement ses sujets d'Ovide. On lui reproche dans ses compositions un peu trop de licence; ses figures nues sont mieux colorées que bien dessinées. Jean Vos a fait une description en vers d'*Adonis* peint par Savoyen (Coll. de Guillaume Blau).

Wulshagen (*François*), né dans le duché de

Bréemen, élève de Rembrandt, a peint dans la manière de son maître : c'est tout ce qu'on en dit.

Ovens (*Jurien*), vivoit en 1675 : on le dit élève de Rembrandt.

La Maison-de-Ville d'Amsterdam conserve de lui un tableau qui représente *Claudius Civilis* donnant, la nuit, à souper aux principaux de la noblesse, dans la forêt nommée Schaker-Bosch, et les détermine par son éloquence à cette fameuse conjuration où il fut arrêté de tomber à l'imprévu sur l'armée romaine, et de secouer le joug de la tyrannie. Ovens a très bien peint le portrait. Il étoit occupé, en 1675, pour le duc d'Holstein.

Deynum (*Jean-Baptiste Van*), né à Anvers en 1620, habile peintre en miniature et à gouache : dans cette dernière manière de peindre il a fait des compositions charmantes, qui ont été très recherchées par les cours d'Espagne et d'Allemagne. La Flandre a conservé très peu de ses ouvrages.

Luyks (*N.*), dont la réputation aujourd'hui ne se retrouve que dans une lettre de Van Hoogstraeten, datée de Vienne, 9 août 1651, annonçant Luyks comme un nouveau Sandrart qui vient éclipser la gloire de tous les artistes allemands. On n'en parle plus aujourd'hui ; ainsi 'exhalent en vapeur toutes les réputations du patronage de l'intrigue : combien en verra-t-on parmi nous subir le même sort !

Béek (*David*), né à Delft en 1621, mort en 656, élève de Van Dyck, surnommé *le Sceptre d'or* par la bande académique, à cause de sa magnificence (1). Béek a voyagé en Italie, et a passé dans les cours de France, d'Allemagne et du Nord. Il fut choisi à Londres par Charles I.er pour enseigner le dessin au prince de Galles, aux ducs d'York et de Glocester. En Suède, la reine Christine le chargea de se rendre dans toutes les cours de l'Europe, pour y faire les portraits des rois, des princes, et d'autres personnes dignes de son attention. Les portraits de David Béek sont connus : on les trouve dans presque toutes les maisons royales de l'Europe; ils sont dans le goût de son maître, dont il a quelquefois approché. Il avoit une si grande facilité, que Charles I.er lui dit un jour, en se faisant peindre, *je crois, Béek, que vous peindriez à cheval ou en courant la poste.* Son exécution hâtive a quelquefois nui à la conservation de ses ouvrages.

Man (*Cornille de*), né à Delft en 1621, mort en 1706.

---

(1) *Voyez* l'Introduction, *sobriquets*, page xviij.

Le plus grand mérite de cet artiste est d'avoir
étudié avec beaucoup de soin, à Venise, les
œuvres du Titien, et d'en avoir retenu, à beaucoup d'égards, le coloris. Le tableau qui assure
son immortalité est placé dans le théâtre ana-
tomique de la ville de Delft; il représente *les
illustres Médecins et Chirurgiens de son temps.*
Les connoisseurs le trouvent dans la manière
du célèbre Vénitien qui lui servit de guide toute
sa vie. De Man a peint quelques sujets de conversation dans le goût des modes du temps.

VAILLANT (*Wallerant*), né à Lille en Flandre
en 1623, mort à Amsterdam en 1677, élève
d'Érasme Quellin.

Attiré en France par le maréchal de Gram-
mont, Vaillant fit à la cour les portraits de la
Reine, de la Reine-mère, du duc d'Orléans, de
plusieurs seigneurs, des ambassadeurs. Il ne fut
pas moins occupé à la ville par des magistrats
et par une infinité de particuliers. Comblé de
richesses il quitta la France, et fixa sa demeure à Amsterdam. Le prince Robert, grand-
amiral d'Angleterre, qui avoit pour Vaillant une
grande estime, et auteur de la découverte de la
gravure en manière noire, donna son secret à
notre artiste, avec promesse qu'il ne le commu-
niqueroit à personne : ce qui cependant n'a pas
été ponctuellement observé, non de la part de

Vaillant, mais par le fils d'un employé qui travailloit sous sa direction, et qui vendit ce secret, lequel a singulièrement été perfectionné depuis par Smith l'Anglois.

Vaillant (*Jean* et *Bernard*), frères du précédent, dont ils furent aussi élèves. Nous ne connoissons d'eux rien de marquant.

Fruitiers (*Philippe*), natif d'Anvers.

Il a peint à l'huile et en miniature. Weyermans cite avec éloge un de ses tableaux représentant *Rubens et sa famille;* il loue la composition et le coloris de ce chef-d'œuvre, qui, dit-il, n'auroit point été désavoué par le grand homme qui en fait le sujet. Rubens estimoit beaucoup les œuvres de Fruitiers, dans lesquelles il règne du goût et de la grâce. Ses miniatures n'ont pas été moins estimées que ses tableaux à l'huile.

Eyck (*Nicolas* et *Gaspard Van*), deux frères qui naquirent à Anvers, et qui florissoient dans le dix-septième siècle.

Nicolas s'est fait remarquer par des compositions de batailles, d'attaques, de rencontres chaudes, vigoureuses, où le feu est partout. Il est mort capitaine de la milice bourgeoise d'Anvers.

Neve (*François de*), natif d'Anvers.

Il a beaucoup copié d'après Raphaël à Rome,

et a fait quelques bons tableaux d'histoire dans sa patrie. La ville d'Anvers conserve la plupart de ses tableaux. On en cite un grand nombre au Jardin de Leyen, maison de plaisance près de cette ville.

Tyssens (*Pierre*), natif d'Anvers, florissoit dans le dix-septième siècle. On trouve son nom sur les registres de l'Académie d'Anvers, avec la qualité de directeur, en 1661.

Ses historiens le placent au nombre des premiers peintres de sa nation. En effet, les compositions de Tyssens sont pleines de feu et d'invention : tout y est traité en grand maître ; le dessin, le coloris, et l'architecture, dont il avoit une parfaite connoissance. On remarque de Tyssens *l'Assomption de la Vierge* (église de Saint-Jacques, à Anvers) ; *la Vierge et la Sainte Trinité* (tableau du grand autel des religieuses de *Leliendael*, à Malines) ; *le Martyre de sainte Catherine* (église collégiale de Saint-Martin, à Alost) ; *Saint Guillaume en extase* (aux religieuses Guillelmites, même ville). Dans l'ancienne Collection du comte de Vence, on voyoit une tête de cet artiste, d'une belle couleur, et grassement peinte.

Creeten (*Charles*), né à Prague, contemporain et ami de Guillaume Bauer. Ils voyagèrent et demeurèrent ensemble à Rome. Creeten, surnommé *l'Espadron* par la bande académique, fut assez estimé en Italie, où il a laissé plusieurs ouvrages dont nous n'avons pas connoissance.

Hoogstad (*Guérard Van*), né à Bruxelles, vivoit en 1625.

On le trouvoit, dans son temps, un des peintres le plus versé dans le style ascétique. Il a traité, dans diverses compositions, *la Passion de Notre - Seigneur, et des martyrs.* Ses plus grands ouvrages se voyent à Bruxelles et dans le Brabant.

Loyer (*Nicolas*), né à Anvers, cité comme bon peintre d'histoire. Ses ouvrages ont presque tous passé dans les cours étrangères.

Hoogstraeten (*Samuel Van*), né à Dordrecht en 1627, mort en 1678, élève de Rembrandt.

Artiste d'un rare mérite, dont les ouvrages font illusion ; c'est le mérite essentiel de ses productions. On lui reproche avec raison un peu trop de crudité dans le coloris, mais il est très harmonieux quelquefois : la galerie impériale de Vienne en offre un exemple ; le tableau de Hoogstraeten dont elle est ornée, et qui représente *un Homme à une fenêtre,* est un chef-d'œuvre de vérité forte, d'imitation et d'illusion. Une tableau de lui faisoit les mêmes impressions dans l'ancienne Collection de Van der Linden Van Slingelandt ; c'est *un Homme dans un còstume original, qui écrit.* On voit de Hoogstraeten, à la Monnoie de Dordrecht, un excellent tableau représentant *les Officiers de son temps qui en avoient la direction.* Il est difficile de conduire avec plus d'art toutes les spéculations du clair-obscur. Cet artiste, qui partageoit son temps entre la peinture et les lettres, a laissé des poésies et un Traité sur la Peinture qui est estimé, ainsi que deux livres intitulés : *le Monde éclairé,* et *le Monde aveugle.* Houbraken, son élève, nous apprend qu'il avoit un talent particulier pour l'enseignement, et le considère comme un des meilleurs professeurs de son temps.

HOOGSTRAETEN (*Jean Van*), frère puîné du précédent, et son compagnon de voyage en Italie et à Vienne.

Jean fut reçu parmi les peintres de Dordrecht en 1649, et mourut fort jeune à Vienne, où il est enterré dans l'église de Sainte-Croix : on y voit encore son tombeau orné d'emblèmes sur la mort. L'empereur avoit pour lui beaucoup d'estime.

GRAUW (*Henri*), né à Horn, dans le nord de la Hollande, élève de Jacques Van Kampen : il étoit à Rome en 1649, et obtint dans cette capitale des arts le suffrage de l'illustre Nicolas Poussin. Par ordre du prince Maurice de Nassau,

Crauw a peint la coupole de la maison du Bois, près de La Haye : on cite au nombre de ses tableaux *l'Éducation de Bacchus, le Triomphe de Jules César.* Ses dessins faits au crayon sont estimés.

Schuur (*Théodore Van der*), né à La Haye en 1628, mort dans la même ville en 1705, élève de Sébastien Bourdon.

La reine Christine de Suède encouragea les talents de Van der Schuur, à Rome ; il fut payé très généreusement par cette princesse, de plusieurs tableaux qu'il fit par ses ordres ; ses ouvrages sont considérables : *la Justice, la Modération, la Force,* plafond de la salle des Bourgmestres, à La Haye ; *plusieurs Portraits des Officiers bourgeois,* avec la date de 1675, dans les buttes de cette ville ; *les sept Provinces,* sujet allégorique, plafond du salon de la Trève, ou salle d'assemblée des états-généraux, date de 1698 ; *Visitation de la Vierge, David compose ses psaumes, Zacharie sort du temple,* volets du buffet d'orgue de la nouvelle église. Schuur se plaisoit à tracer les monuments de la Grèce, dans les fonds de ses tableaux.

Le chœur de l'ancien couvent des Mathurins (quartier Saint-Jacques, à Paris) étoit orné de tableaux de Van der Schuur, qui représentoient *l'Histoire de saint Jean de Matha ;* ils ont

disparu avec le monastère dans les troubles ré-
volutionnaires.

WOLFAERTS (*Arthus*), natif d'Anvers : artiste
ingénieux dans les sujets allégoriques, et grand
observateur des mœurs et du costume, lorsqu'il traitoit l'histoire ; ses fonds sont assez
souvent ornés de paysages et d'architecture.
Pour son amusement il a fait quelques *Bambochades* dans le goût de Téniers.

BERCKMANS (*Henri*), né à Clunder, près de
Willemstat, en 1629, élève de Philippe Wouvermans, de Thomas Willeborts et de Jacques
Jordaens : il a peint dans toutes les manières des
différentes écoles où il a successivement étudié,
et s'est fait une réputation particulièrement
dans le portrait. On a de Berckmans *les Portraits du comte Henri de Nassau, de l'amiral
Ruyter, de Jean Evertsen, des Compagnies d'Archers et d'Arquebusiers de son temps*, que l'on
voyoit autrefois aux buttes de Middelbourg et
de Vlissingue.

LOO (*Théodore Van*), natif de Bruxelles,
ami de *Carlo Maratti*, dont il aimoit la manière,
et qu'il a suivi de fort près, tant à Rome qu'à
son retour à Bruxelles. Le coloris de Van Loo
a singulièrement noirci, les ombres sont lour-
des, et les lumières ne sont pas heureuses. Ses
principaux ouvrages sont à Bruxelles ; *l'Adora-*

tion des Mages, *la Visitation de la Vierge* (à Malines, église des Béguines) ; *Saint Xavier prosterné devant la Vierge et l'Enfant Jésus, des démons et des sorciers fuyent dans le fond.*

DOUDYNS (*Willem-Guillaume*), né à La Haye en 1630, mort en 1697, élève d'Alexandre Petit, artiste peu connu.

Doudyns a fait un long séjour à Rome ; de retour dans sa patrie, il fut un de ceux qui s'employèrent le plus à élever l'Académie de Peinture à La Haye, en 1661. Il eut un talent particulier pour composer les plafonds : on en voit plusieurs à l'Hôtel-de-Ville de La Haye. Parmi ses ouvrages on remarque *le Temps qui découvre la Vérité et la Dissimulation :* Sol et Tempus veritatem detegunt ; *la Sagesse qui foule à ses pieds l'Ivrognerie et les Vices* (Coll. de Van Heteren) ; *Léda* (Coll. de Half-Wassenaar) ; *un jeune Homme qui lit* (Coll. de Cauwerven, à Middelbourg).

BLOCK (*Benjamin*), né à Lubeck en 1631, élève de son père.

Au service de Frédéric-Adolf, duc de Meckelbourg, il fit le *Portrait du prince, ceux du duc et de la duchesse de Saxe ; le Portrait d'Athanase Kircher,* célèbre jésuite du dix-septième siècle, fit sa fortune à Rome. En Hongrie il reste quelques tableaux d'histoire de cet artiste.

Blekers (*N.*), natif de Harlem.

Le poëte Vondel a fait des vers sur une *Danaé* que cet artiste a peinte pour l'amateur Van Heteren. *Le Triomphe de Vénus*, qu'il fit pour le prince d'Orange, est cité comme son chef-d'œuvre.

Petitot (*Jean*), né à Genève en 1607, mort à Berne en 1691, élève de Van Dyck.

Célèbre peintre de portraits en miniature, Petitot joignoit à la ressemblance l'art d'exprimer l'esprit et le caractère des personnes qu'il peignoit : Charles Ier, roi d'Angleterre, le fit chevalier et le combla de biens. Louis XIV le retint à son service, le logea aux galeries du Louvre et lui accorda une pension : notre Académie royale de Peinture et de Sculpture le reçut au nombre de ses membres, sur le *Portrait de Louis XIV*. Petitot a peint l'émail : ce genre de peinture présente tant de difficultés à vaincre, et ses émaux sont arrivés à un degré si supérieur, qu'on ne peut pas espérer une plus grande perfection. En effet, ils joignent à la suavité et à la douceur du pinceau, le plus grand éclat et la plus grande vivacité du coloris vrai et naturel. Répandus dans presque toutes les Collections de l'Europe, ils sont devenus très rares dans le commerce de la curiosité. J'ai vu au Muséum une belle et riche collection

(93)

d'émaux par cet artiste, représentant des personnages illustres de son siècle, tels sont :

*Madame de Monbazon, la Princesse Palatine,
M. de Barbesieux, fils de M. de Louvois ; M. de
Malezieu, chancelier de Dombes ; Madame de
Maintenon, la comtesse de la Suze, Anne d'Au-
triche, mère de Louis XIV*, à différents âges,
trois portraits ; *Lavardin de Baumanoir, le
comte de Grignan, le poète Voiture, le maré-
chal de Catinat, Jules-Hardouin Mansart, M. de
Villarceaux, ami de Ninon ; Louis XIV*, à dif-
férents âges, trois portraits ; *le maréchal de
Tourville, Marie-Thérèse d'Autriche, épouse de
Louis XIV*, trois portraits ; *la princesse de Condé,
Madame de Montespan, le Grand Dauphin, fils
de Louis XIV ; Mademoiselle de Montpensier, la
Femme du peintre Rembrandt, le président Sar-
ron, Mademoiselle Dupré, fille du jardinier de
Meudon, maîtresse de Louis XIV ; Ninon de
l'Enclos, le cardinal de Richelieu, Madame de
Grignan, Madame de Sévigné, Madame de
Combalet, depuis duchesse d'Aiguillon, nièce
du cardinal de Richelieu*, deux portraits ; *Hor-
tense Mancini, nièce du cardinal Mazarin ; Ma-
demoiselle de Fontanges, maîtresse de Louis XIV ;
Madame de Ludre en Madeleine, Madame de
Thianges, Gaston de France, le maréchal de
Villars, la Veuve de Scarron, depuis madame*

de Maintenon ; Mademoiselle Kerouel, depuis du-
chesse de Portsmouth ; Marie-Louise d'Orléans,
fille aînée de Philippe d'Orléans et d'Henriette
de Stuart, fille de Charles Ier, roi d'Angleterre ;
la Reine Christine de Suède, Madame Deshou-
lières, Mademoiselle, duchesse de Montpensier ;
la duchesse de La Vallière, Françoise d'Orléans
de Valois, fille de Gaston de France.

HARING (*Daniel*), né vers l'an 1636.

Cet artiste, qui a exercé la peinture à **La Haye,**
et rappelé par Van Gool comme peintre de portraits, ne se trouve ici que pour compléter
ceux dont l'histoire a conservé les noms : il a
laissé quelques productions qui sont répandues
dans plusieurs familles de Hollande ; Van Gool
nous apprend qu'il fut plusieurs fois directeur
de l'Académie de La Haye, et qu'il mourut malheureux.

MYTENS (*Daniel*), né à **La Haye** en 1636,
surnommé *Corneille Bigarrée*, à cause, dit-on,
de la recherche et de la variété qu'il apportoit
dans ses habits. Né avec de la fortune, Mytens
eut l'ambition d'être peintre ; Doudyns, Van der
Schuur, admirateurs éclairés des belles choses
qui remplissent la capitale des beaux-arts, *Carlo*
Maratti, Carlo Lothi, furent intimement liés
avec lui pendant son séjour en Italie, qui fut

ssez long : il revint enfin dans sa patrie pour recueillir le fruit de ses études, faites au milieu de la dissipation et des plaisirs : pour réussir, il employa les stratagèmes de la fortune, il eut recours à *l'art de la gueule*, comme dit un de nos vieux auteurs ; et cet art, si cultivé de nos jours, à qui nous devons tant de grands noms, enfla sa réputation, le conduisit jusqu'au fauteuil académique : avec ses patrons a disparu sa gloire ; il ne reste plus que ses œuvres, en petit nombre, et très médiocres.

TERLÉ (*Van*), auteur d'un *Enlèvement d'Europe*, qui a fait l'admiration d'Houbraken,

POORTER, cité pour avoir peint la *Reine de Saba*,

SPALTOF, peintre d'histoire et de genre, auteur de quelques places publiques de Rome et de Flandre, ne paroissent plus dans l'histoire que pour sauver leurs noms de l'éternel oubli qu'entraîne leurs travaux.

NECK (*Jean Van*), né à Narden, mort à Amsterdam en 1714, élève de Jacques de Bakker.

Houbraken fait l'éloge d'une composition de Van Neck, qui représente, dit l'historien, *Siméon dans le temple, tenant l'Enfant Jésus dans ses bras* ; c'est la même qui est dans l'église romaine de la nation françoise, à Amsterdam. Van

Neck a peint avec quelques succès des sujets de bacchanales qui furent estimés dans son temps; on en parle peu aujourd'hui.

Vuez (*Arnould de*), né à Oppenois près de Saint-Omer en 1642, mort en 1724, élève de frère Luc.

A son retour de Rome il se rendit à Paris, et fut employé par Le Brun aux travaux de Versailles. Le ministre Louvois lui commanda divers tableaux, qu'il n'a point exécutés. C'est dans sa patrie qu'il a le plus exercé ses talents. Les monuments religieux de Lille, de Cambrai, de Douai, sont remplis de ses œuvres. *La Montagne du Thabor* (à Douai, dans l'église des Carmes); *le Martyre de sainte Barbe, l'Ange Gardien, la Présentation au temple* (aux Minimes, même ville); *la Vie de saint Bruno*, en huit tableaux (aux Chartreux); *une Descente de croix :* c'est un de ses meilleurs tableaux (aux Carmes de Lille). Les compositions d'Arnould de Vuez sont riches, abondantes, ornées d'architecture assez régulière; mais son coloris est terne et d'une mauvaise qualité. Le rang élevé où le placent quelques historiens est une erreur révoquée par le goût.

Werner (*Joseph*), né à Berne en 1637, mort en 1710, élève de Matthieu Merian, s'est fait un grand nom avec la miniature, qu'il a traitée dans son temps avec tant de perfection, qu'il n'avoit point de rivaux, et avec autant d'avantage dans le portrait que dans l'histoire. Louis XIV, en l'appelant à sa cour, acheva sa célébrité. Il fit plusieurs portraits de ce prince, et composa des allégories ingénieuses à sa louange. Quinault fut, en France, un de ses plus grands amis. Il composa pour notre auteur dramatique quatre tableaux : *les Muses sur le Parnasse*, *Artémise avalant les cendres de son mari*, et deux autres sujets de la mythologie. Ces tableaux étoient en miniature ; car il ne faut pas perdre de vue que c'est dans cette catégorie de l'art que le nom de Werner se conserve dans la postérité, quoique cité par les auteurs de sa Vie, pour avoir traité tous les genres, notamment la fresque et l'huile. Dans ce dernier procédé il fit, pour l'électeur de Bavière, un grand tableau représentant *Thétis dans son char sur la mer* ; et pour l'Hôtel-de-Ville à Berne, *l'Union de la Justice avec la Prudence.*

Duval (*Robert*), né à La Haye en 1644, mort en 1732, élève de Nicolas Wieling. *Berettini Pietro da Cortona* fut le maître qu'il préféra dans ses études à Rome, et il en a retenu la manière, ainsi qu'on peut le voir dans les peintures de sa main qui ornent le plafond de l'Académie à La Haye.

Cleef (*Jean Van*), né à Vanloo dans le pays de Gueldre en 1646, mort en 1716, élève de Gaspard Crayer.

Presque tous les ouvrages de cet artiste sont des plafonds et des tableaux d'église. Il étoit dans l'usage d'en faire des esquisses, qui sont quelquefois aussi terminées que des tableaux. Son dessin est plus régulier que ne l'est ordinairement celui des peintres de sa nation : on dit même qu'il s'est quelquefois approché du Poussin jusqu'à s'y méprendre. Quoi qu'il en soit, tous les bons juges s'accordent à dire que Jean Van Cleef a surpassé, dans le choix, l'ordre et l'agencement des draperies, les meilleurs artistes des Pays-Bas. *Notre-Seigneur parmi les docteurs*, à Bruges, dans l'église de Sainte-Anne, est un des tableaux de son meilleur temps, et digne des suffrages de la postérité. Beaucoup d'autres méritent également d'être recueillis ; tels sont les sujets ci-après : *Saint Pierre délivré de la prison par un Ange* (église cathédrale de Saint-Bavon); *la Cène*, petit tableau d'autel (à Saint-Martin d'Ackerghem); *Saint Bernard guérissant plusieurs malades, la Vierge et l'Enfant Jésus* (à l'abbaye de Baudeloo), *Saint Aubert qui distribue du pain aux pauvres, le Martyre de saint Corneille*, pape (à la collégiale de Saint-Martin, ville d'Alost). Dans l'église des Sœurs noires, à Gand, on voit le chef-d'œuvre de Van Cleef; ce sont *les Sœurs de cette maison qui donnent des secours aux malades attaqués de la peste; la Viérge et l'Enfant Jésus, Saint Augustin, Sainte Monique : Sainte Catherine et Saint Roch occupent la gloire dans le haut du tableau.* Cette vaste composition, riche d'invention, d'expression et de coloris, peut, à beaucoup d'égards, entrer en comparaison avec les meilleures productions d'Antoine Van Dyck.

Meyer ou Mayr (*Dietrich*), né à Zurich en 1571, mort en 1658.

Sa réputation s'est conservée comme bon peintre d'histoire et de portraits. Il a dessiné et gravé une suite de portraits d'hommes illustres de sa patrie.

Meyer (*Conrad*), fils du précédent, a suivi le même goût que son père dans la peinture, et a aussi gravé d'après ses compositions. Il avoit un frère nommé *Rodolf,* qui a laissé des portraits et des emblèmes.

Plas (*David Van der*), né à Amsterdam en 1647, mort en 1704, excellent peintre de portraits, comparé dans son temps au Titien pour le coloris. Le *Portrait du vice-amiral Tromp* lui a fait beaucoup d'honneur. Quelques autres, répandus en Allemagne et dans des familles considérables de Hollande, se font remarquer

par beaucoup de science dans le clair-obscur.
Van der Plas peignoit très bien une tête ; mais
souvent il eut une exécution trop hâtive et trop
abandonnée. C'est à ses soins qu'on doit la conduite des dessins et des planches qui ornent
plusieurs ouvrages typographiques imprimés
dans son temps chez le libraire Pierre Martin,
entre autres la Bible.

Syder (*Daniel*), dit *le Cavalier Daniel*, né à
Vienne en Autriche : il vivoit encore à Turin
en 1699.

Syder étudia à Venise dans l'école de *Carlo
Loth*, et se perfectionna à Rome sous les auspices de *Carlo Maratti*. Le duc de Savoie l'attira
à sa cour, en lui faisant passer des lettres de
noblesse et le collier de son ordre. Syder fit le
portrait de son Mécène, qu'on cite comme une
belle chose. Les Romains estimoient ses talents.
L'église de Saint-Philippe-de-Neri, à *Chiesa
Nuova*, possède deux beaux tableaux de lui ;
l'un représente *la Cène*, et l'autre *la Manne
dans le désert*. Syder a imité dans une telle perfection la manière de *Carlo Loth*, que les Italiens s'y trompent eux-mêmes. Son dessin, son
exécution et son coloris s'éloignent tout-à-fait
du goût flamand.

Loo (*Jacques Van*), né à l'Écluse en Flandre
en 1614, mort en 1670, élève de son père Jean,

qu'il a surpassé. Son mérite est d'être un des bons coloristes de l'école flamande, et d'avoir pris la nature sur le fait dans ses imitations. La vérité fut son guide, et brille dans tous les sujets qu'il a traités. Son chef-d'œuvre, cité comme tel, est *le Coucher à l'italienne*, représenté par une femme nue, vue par le dos, prête à se mettre au lit (tableau gravé par Porporati); *le Portrait à mi-corps de Michel Corneille*, peintre françois (Coll. de France). Les ouvrages de Jacques Van Loo ne sont pas très communs en France, ni même très recherchés : plusieurs ont été adjugés, sous mes yeux, à des prix médiocres. *Le Coucher à l'italienne*, exposé en vente il y a quelques années à l'hôtel de Bullion, a été porté à 6,000 fr.; on l'estimoit 12,000 fr.

Jacques Van Loo est chef d'une famille de ce nom, qui a exercé la peinture en France dans le cours du dix-huitième siècle. Il y a encore de ce nom :

Loo (*Théodore Van*). *Voy*. la page 90.

Voorhout (*Jean*), né à Amsterdam en 1647, élève de Jean Van Noort, excellent peintre d'histoire et de portraits.

Sa réputation fut si grande, que plusieurs des poètes hollandois ont chanté la noblesse et la beauté de son génie. Smidt, entre autres, célèbre avec le plus grand éloge la composition pathétique de Voorhout, dans le sujet de *la Mort de Sophonisbe*. Les ouvrages de ce peintre sont répandus chez les particuliers et dans les Collections de Hollande.

BOTSCHILD (*Samuel*), originaire de Sanger-hausen en Saxe, nommé peintre de la cour, inspecteur de la Galerie de Dresde, vers 1650. *Les plafonds du grand jardin de Dresde* sont de sa main.

FRÈRES (*Théodore*), né à Enckuysen en Hollande en 1643, mort en 1693 : *plafond de la maison Roeters*, à Amsterdam.

BACKER (*Adrien*), natif d'Amsterdam, mort en 1686, neveu de Jacques Backer. *Le Jugement dernier* est son plus grand ouvrage : tableau placé à l'Hôtel-de-Ville d'Amsterdam, au-dessus de la salle des Plaidoyers.

PAULYN (*Horace*) : on ignore la naissance et la mort de cet artiste, qui s'est fait remarquer par des tableaux licencieux jusqu'au scandale, et par le projet fou de former une croisade pour la Terre-Sainte.

BISKOP ou BISSCHOP (*Jean*), né à La Haye en 1646, mort en 1686, procureur à la cour de Hollande, et grand amateur.

Sa Collection, que nous citons souvent, a été aussi célèbre en dessins que celle de M. Mariette. Biskop étoit un amateur instruit. Grand connoisseur, il poussa l'amour de l'art jusqu'à graver des eaux-fortes d'après les dessins des grands maîtres ; il a fait aussi des copies très spirituellement lavées de plusieurs couleurs, d'après les tableaux de *Robusti detto il Tintoretto*, *Caliari Paolo Veronese*, *Jacopo da Ponte*, dit Bassan, Rubens et Antoine Van Dyck. Ces dessins sont estimés et recueillis dans les portefeuilles de la curiosité. Biskop a fait des notes savantes sur différents maîtres; nous ignorons si elles ont été publiées.

Verbuis ou Verbius (*Arnould*), peintre de portraits, attaché la plus grande partie de sa vie à la cour de Frise. Il a fait plusieurs tableaux de chévalet qui sont d'une assez bonne couleur, et qu'on ne cite jamais, parce qu'ils font rougir la pudeur.

Vereycke (*Hans-Jean*), surnommé *Petit-Jean*, né à Bruges.

Carle Van Mander fait l'éloge de ce peintre dans le portrait, et vante beaucoup un tableau de famille qu'il regarde comme le chef-d'œuvre de l'artiste; il l'indique dans le château Bleu près de Bruges. Le même assure que Vereyck peignoit très bien le paysage orné de sujets puisés dans la vie de la Vierge.

Keysser (*Théodore*), de l'école hollandoise, florissoit en 1620. Artiste du premier mérite, oublié par les historiens françois, ét dont les ouvrages sont de toute rareté.

Nous avons vu dans la Collection de France, sous les n°s 356 et 357, deux chefs-d'œuvre de Keysser : l'un, *les Bourgmestres d'Amsterdam ;* ils délibèrent sur la réception de Marie de Médicis, lorsque, pendant sa disgrâce, elle vint dans cette ville en 1638 ; l'autre, *le Portrait d'un Homme vêtu de noir avec une fraise blanche au col.* Nous ignorons le sort de ces magnifiques productions, qui ornoient autrefois la Collection stathoudérienne. *Un Guerrier vu jusqu'à mi-corps, avec une cotte d'armes et un manteau,* sur un fond de paysage, figure de 12 pouces (Coll. de M. de Burtin, à Bruxelles).

Roer (*Jacques Van der*), élève de Jean de Baan.

A peine sa réputation commençoit-elle à croître dans le portrait, qu'elle fut étouffée par les intrigues du célèbre Kneller, ennemi déclaré de tous les talents. Van der Roer ne sachant où donner de la tête, sollicita Kneller, qui l'employa à draper ses portraits, et à en faire les accessoires. Roer termina sa vie misérable dans l'hôpital de Dort, où il fut conduit par l'avarice et la cupidité de son protecteur.

Terwesten (*Augustin*), né à La Haye en 1649, mort en 1711, élève de Guillaume Doudyns.

En 1690 l'électeur de Brandebourg Frédéric III, premier roi de Prusse, l'honora de la qualité de son premier peintre, et le nomma professeur de son Académie de Peinture à Berlin. A la louange de Terwesten, on peut dire que cette Académie prit sous sa direction un nouveau lustre et une consistance durable. Sur le témoignage de Gelder et d'Houbraken, il paroît qu'il avoit un beau génie, une facilité prodigieuse, et qu'il fut pour l'enseignement un des meilleurs professeurs de son temps. Il a voyagé en France, en Italie et en Angleterre. La plupart de ses ouvrages sont en Allemagne.

TERWESTEN (*Matthieu*), né à La Haye en 1670, élève de son frère Augustin Terwesten, et reçu dans la Société des Peintres de La Haye en 1699; surnommé *l'Aigle* en Italie, par la bande académique. Après s'être fortifié par de bonnes études dans l'école de *Carlo Maratti*, et d'après les grands coloristes vénitiens, il parcourut différentes cours du nord : Vienne, Berlin, où il s'arrêta davantage, et enfin la Hollande, où il fut surchargé d'occupation. On a vu long-temps de fort beaux plafonds à Amsterdam, ingénieusement et fort librement exécutés par cet artiste; entre autres, des coupoles dans les hôtels des amateurs Fagel et Van den Boetselaer. On remarquoit avec le même intérêt un plafond de sa main à l'Hôtel-de-Ville de La Haye, et le tableau d'autel à l'église désignée sous la dénomination de *Jansénistes*, même ville : il représente *Notre-Seigneur sur la montagne*. Matthieu Terwesten est cité par ses historiens comme ayant été un des meilleurs professeurs à l'Académie. Ses ouvrages montrent du génie, de l'invention, un coloris assez vrai, et surtout, nous le répétons, beaucoup de facilité. Nous sommes cependant loin de le regarder comme un *aigle* en peinture. Élie, frère des deux précédents, se trouve dans la division des peintres de fleurs (*Voyez* cette division).

VOLLEVENS (*Jean*), né à Gertruidenberg en 1649, mort à La Haye en 1728, élève de Jean de Baan.

Il s'est signalé dans le portrait, qu'il a fait très ressemblant et d'une couleur très harmonieuse. Ceux qui ont échappé au temps montrent de la fraîcheur et de la grâce. On a de lui *les Portraits du prince de Courlande, le comte et la comtesse de Nassau, le général Lanooy, Schelter*, envoyé d'Angleterre en 1686, *sa femme et ses deux fils* (en pieds, grandeur naturelle); *le prince de Nassau*, stathouder des provinces de Vrieslandt et de Groningue (en pieds); *Salomon Parera, à cheval, prenant une lettre que lui remet son secrétaire :* beau tableau qui fut réduit en cendre, ainsi que la belle maison de ce seigneur.

Reuven (*Pierre*), né en 1650, mort en 1718, élève de Jacques Jordaens.

Ses ouvrages annoncent une belle connoissance du coloris de son école, de l'abondance, et une grande facilité. Il a embelli les plafonds de la Maison royale de Loo : les salles de cette maison sont encore ornées de ses tableaux. La belle maison de l'amateur de Lacourt Van der Voort, à Leyde, est aussi ornée d'un plafond où on remarque la bonne exécution de notre artiste. Houbraken le nomme *Reuven*, et Weyermans le nomme *Ruyven*.

Danks (*François*), natif d'Amsterdam, surnommé *Tortue* par la bande académique ; sobriquet qui fait présumer que Danks a fait le voyage d'Italie. Il a peint l'histoire en petit assez médiocrement. Quelques tableaux de son meilleur faire se conservent encore : il vivoit en 1660.

Colins (*David*), natif d'Amsterdam, contemporain du précédent, peignoit aussi l'histoire en petit. On fait l'éloge d'un de ses tableaux représentant *Moïse qui frappe le rocher*. Presque toutes ses compositions sont puisées dans la Bible.

Schoonjans (*Antoine*), né à Anvers en 1650.

A la cour de Vienne il a rempli la place de premier peintre de l'empereur Léopold, et fut un des plus grands protégés de l'électeur Palatin Jean-Guillaume, en 1716. A Rome, on le surnomma *Parrhasius* (1). Schoonjans a laissé les preuves d'un talent non équivoque dans l'histoire et le portrait ; mais elles ne sont pas assez puissantes pour mériter la célébrité du titre qui lui fut décerné à Vienne. Il a peint la famille impériale et les principaux de cette cour.

ORLEY (*Richard Van*), né à Bruxelles en 1652, mort dans la même ville en 1732, fils de Pierre Van Orley, peintre médiocre.

Les lettres et les arts ont employé toute la vie de cet artiste. Le nombre des dessins sortis de sa main est considérable ; il a aussi gravé à l'eau-forte quelques pièces qui sont estimées. *Le Pastor fido*, d'après Lucas Jordano ; *la Chute des Anges*, d'après Rubens ; et autres sujets d'après ses propres compositions. Il existe de ce savant artiste une suite de soixante - huit dessins à l'encre de la Chine, intitulée *l'Accroissement de Rome*, qui a donné lieu à quelques méprises, en ce qu'on a voulu faire passer cette Collection

______

(1) Peintre grec, contemporain de Zeuxis, et qui florissoit comme lui 397 ans avant J.-C.

pour être de Bernard Picart. Ce dernier s'est, il est vrai, beaucoup intéressé à sa publication ; et quelques personnes croyent même que Bernard Picart a été propriétaire des dessins originaux jusqu'à sa mort (1). Bertram a gravé, d'après Richard Van Orley, *le Pontifical romain*, et *Joseph Flavius*. On conserve de cet estimable artiste des compositions peintes en miniature tirées de l'histoire, où il règne du goût, de l'invention, et une exécution savante. Elles rappellent tantôt *Francesco Albani*, tantôt *Berretini*, *Pietro da Cortona*. Il fut enterré avec pompe dans l'église de Saint-Goëric, sous la tombe de Bernard Van Orley, le bien-aimé de Raphaël.

HOLSTEIN (*Cornille*), né à Harlem en 1753 : on ignore son maître, et l'époque de sa mort, qu'on croit avoir été hâtée par le poison.

Le tableau qui décore la salle des Orphelins, à Amsterdam, suffit pour lui assurer une réputation glorieuse ; il représente *Lycurgue qui déclare son neveu héritier présomptif de ses biens.*

____

(1) L'éclaircissement que je donne à ce sujet m'a été communiqué en 1806, dans une correspondance que j'avois alors pour obtenir des renseignements sur Bernard Picart, et qui m'étoit nécessaire pour la publication de mon ouvrage, intitulé *des Passions et de leur expression, etc.*

On cite encore de cet habile homme *un Triom-*
phe de Bacchus, composition riche et bien ordonnée : on y remarque la grâce des figures de
femmes et des enfants.

DEYSTER (*Louis de*), né à Bruges en 1656,
mort en 1711, élève de Jean Maes.

A son retour de Rome la modestie le retint
long-temps dans l'obscurité ; mais aussitôt qu'il
fut apprécié on le chargea de grandes entreprises
pittoresques, qui l'occupèrent le reste de sa vie.
Ses travaux sont immenses, et souvent dignes
de figurer dans un rang supérieur. Son coloris
est excellent ; ses lumières, répandues avec art
sur des groupes heureusement amenés, décèlent
le grand maître. Ses draperies, remplies de mouvement sans manière, expriment avec vérité la
nature des étoffes : partout ses plis sont larges
et de bon goût. Deyster peignoit au premier
coup ; son exécution légère, transparente dans
les ombres, est très empâtée dans les lumières,
et si chargée de couleur, qu'on en sent les épais-
seurs sous les doigts. Deyster a non-seulement
contribué à l'ornement des monuments publics,
mais il a fait aussi plusieurs tableaux de chevalet qui sont estimés. *La Mort de la Vierge,*
belle composition ; *Jésus-Christ à la croix, avec*
les Maries ; la Résurrection de Notre-Seigneur
(église de Saint-Jacques, à Bruges). On doit ces

tableaux à l'amateur Roelof, qui les fit faire à
ses dépens, pour faire connoître le mérite de
Deyster. *Saint Simeon Stock qui reçoit des caresses
de l'Enfant Jésus ; l'Assomption de la Vierge :*
une légion d'anges et de chérubins environne
la reine du ciel ; *Saint André de Corsini, évêque
de Fiesola, célébrant la messe : la Vierge apparoît sur l'autel ; Saint Angelus prosterné dans le
désert, secouru par un ange qui lui apporte du
pain* (chef-d'œuvre de l'auteur) ; *Sainte Marie-
Madeleine de Pazzi, en extase devant le Crucifix, soutenue par un ange* (même église) ;
*Saint Sébastien, lié, suspendu à un arbre, percé
de flèches ; le Martyre de saint Amand* (église
de Sainte-Anne, même ville) ; *Pomone endormie, un berger lui apporte des fleurs et des fruits :*
les accessoires sont peints par Van den Eeckhoute (cabinet de Geormachtigh) ; *Lucrèce qui
se perce le sein, la Punition d'Osias* (Coll. de
Winkelmann), *l'Adoration des Bergers* (Hôtel des
Monnoies, à Bruges) ; *le Couronnement d'épines*
(Coll. d'Aquillo, ancien échevin, même ville) ;
la Continence de Scipion (Coll. de Pullinx, *ibid.*) ;
Notre-Seigneur et la Samaritaine (Coll. de Guillaume d'Acke, *ibid.*) ; *la Madeleine pénitente*
(cabinet de Salens) ; *Notre-Seigneur à la colonne,* beau tableau (cabinet de de Bie) ; *la Résurrection du Lazare* (à l'hôpital de Saint-Julien) ;

le Martyre de sainte Barbe (paroisse de Saint-Nicolas, à Furnes); *Saint Grégoire qui se lave les mains,* beau tableau (à Bergues, abbaye de Saint-Vinox). On trouve encore de Deyster quelques petits tableaux de scènes familières pastorales des environs de Rome, qu'il fit à son retour d'Italie.

DEYSTER (*Anne-Marie*), fille du précédent, a fait, d'après son père, d'excellentes copies, si étonnantes et si conformes aux tableaux originaux, que tous les jours on s'y trompe.

DOUVEN (*Jean-François Van*), né dans la petite ville de Roermont, au duché de Clèves, en 1656; on ignore l'époque de sa mort.

Cet artiste a joui de tous les honneurs que la justice se plaît quelquefois à rendre au véritable talent. Jean Guillaume, électeur Palatin, fut un de ses grands protecteurs; son nom a retenti dans toutes les cours de l'Europe : il a fait les portraits de trois empereurs, trois impératrices, cinq rois, sept reines, et d'un grand nombre de princes et de princesses. Par ordre du grand-duc de Toscane, il fit son propre portrait pour être placé dans la galerie de ce prince, parmi ceux des grands artistes de son siècle; et enfin, ses ouvrages estimés, recherchés, couronnés partout des plus heureux succès, font encore sa gloire de nos jours. Ils sont

nombreux dans les cours étrangères, magnifiques dans la Collection de Dusseldorf, et rares
en France : on a de ce grand artiste les portraits ci-après : *le duc de Nuremberg, Philippe-
Guillaume, électeur Palatin ; le roi et la reine
de Portugal, l'empereur Léopold, l'impératrice, les princes de la cour de Vienne, la princesse Charlotte de Danemarck, Amélie, princesse
d'Hanovre ; l'archiduc Charles, la princesse
Charlotte de Brunswick, depuis impératrice.* Van
Douven a aussi traité des scènes familières en
grand et en petit, et quelques tableaux d'histoire.

WEERDT (*Adrien de*), natif de Bruxelles,
mort à Cologne, élève de Chrestien de Duc-
bourg : il étoit de retour d'Italie en 1566 ; ses
ouvrages, depuis cette époque jusqu'à sa mort,
retiennent le goût de *Francesco Mazzuoli Par-
nigiano*, et quelquefois jusqu'à tromper. Parmi
ceux qui sont restés à Cologne, on distingue *le
Lazare, Booz et Ruth, la Vie de la Vierge, la
Nativité, les Quatre Chasses spirituelles.*

KLOOSTERMAN (*N.*), né à Hanovre en 1656,
fut un grand peintre de portraits : il fut reçu
à Londres avec transport, et a peint dans cette
cour *la reine Anne*, en pieds, debout ; dans
une main elle tient le sceptre, dans l'autre un
globe. La tradition lui donne une ressem-

blance frappante, les accessoires, les étoffes,
l'or, l'argent, les pierreries, trompent et font illusion; ce magnifique tableau est placé à *Guildhall,*
entre ceux du roi Guillaume III, et celui de
la reine son épouse. En Espagne, il a peint *le
Roi, la Reine, les Grands du royaume;* Smith
avec son savant burin a immortalisé plusieurs
chefs-d'œuvre de Kloosterman. La soif de l'or
fit le tourment de cet artiste; comblé de richesses
en coffre-fort, il mouroit de faim et n'étoit jamais mieux couvert qu'un esclave, comme dit
Horace, en citant l'avare Umidius. Voici l'inscription qui convient à son portrait :

Tantalus à labris sitiens fugientia captat
Flumina. Qui rides? mutato nomine, de te
Fabula narratur. . . . . (1).

Kloosterman fut entièrement dépouillé par
sa servante; la malheureuse lui enleva son or
jusqu'à ses billets de banque; il en mourut de
douleur; le crime et l'époque de sa mort sont
restés dans l'oubli.

ELIAS (*Matthieu*), né au village de Peene

---

(1) Tantale dans un fleuve a soif, et ne peut boire,
Tu ris ? change le nom ; la fable est ton histoire.
HORACE A MÉCÈNE, Sat. 1, liv. 1

près de Cassel, en 1658, mort à Dunkerque en 1741, élève de Corbéan.

Elias composoit passablement, mais il manquoit de goût, et son coloris est foible. Ses ouvrages, en grand nombre, sont répandus à Dunkerque, à Menin, à Ypres, et même à Paris, où il a demeuré long-temps attaché à l'Académie de Saint-Luc, en qualité de professeur. Dans l'église métropolitaine de cette ville, on voyoit un tableau de lui, *le fils de Scéva battu du démon*, portant la date de 1702, foible production qui étoit placée à gauche de la nef. Ce qu'on peut citer de son mieux à Paris, ce sont ses compositions tirées de la Bible, qui ont été exécutées par Simpi et Michu, sur vitre, autour du couvent des Feuillants, rue Saint-Honoré (maintenant démoli), ainsi que plusieurs passages de la Vie du père Jean-Baptiste de La Barrière, auteur de la réforme de ce monastère. L'abbé de Bergues Saint-Winox occupa long-temps son pinceau à décorer le réfectoire de la maison ; on y remarque aussi quelques portraits passables : *Saint Félix qui ressuscite un mort* (église des Capucins, à Menin) ; *la Manne, Moïse qui frappe le rocher, la Résurrection du Lazare* (église des Carmelites, à Ypres) ; *l'Ange qui apparoît à saint Joseph en songe, la Bénédiction et la Distribution des pains, l'Ange-Gardien qui conduit un enfant, Saint-Louis partant pour la Terre-Sainte, l'Offrande d'Élie* (église des Capucins, à Dunkerque).

HOUBRAKEN (*Arnold*), né à Dort en 1660, mort en 1719, peintre, historien, élève de Samuel Hoog-Straeten.

Après avoir considéré Houbraken comme historien (1), en le considérant comme peintre il a sans contredit moins de célébrité que dans les lettres. Ses compositions dans l'histoire annoncent un esprit solide, observateur; mais ses draperies trop surchargées de plis, dérobent le dessin des proportions, et son coloris tirant sur le rouge est faux. Ses connoissances dans l'architecture répandent de la richesse dans ses fonds; parfois il a de la noblesse, de l'élévation mais en général il est peu sévère, peu châtié dans les contours, et manque de goût. Il a enrichi la typographie d'un grand nombre de vignettes de sa composition. On cite parmi ses meilleurs ouvrages en peinture, *Oreste et Pilade, le Sacrifice d'Iphigénie, la Continence de Scipion* (Coll. de Van Hemskerk, à La Haye) le seul tableau de cet artiste qu'on connoissoit en France dans le siècle dernier, étoit *le Sacrifice d'Iphigénie* (Coll. du comte de Vence).

---

(1) *Voyez* l'Introduction, page xiij.

Overbeeke (*Bonaventure Van*), né à Amsterdam en 1660, mort en 1706.

Plus savant que grand peintre, Overbeeke
étoit né avec un esprit vif et capable d'une ap-
plication constante ; il en donna des preuves
dans ses débuts à Rome, mais sa vie déréglée
fit évanouir tout ce qu'il promettoit en peinture : ce qui nous reste de lui, c'est un Recueil
des ruines de l'ancienne Rome, qu'il a fait
graver, et dont il a retouché les planches et
rédigé le texte : il a été publié par son neveu
Michel Van Overbeeke, en 1709, en trois parties, grand *in-folio*, sous ce titre : *les Restes de
l'ancienne Rome.*

Opstal (*Gaspard-Jacques Van*), né à Anvers,
et neveu, à ce que l'on croit, de Gérard Van
Opstal, sculpteur, un des douze qui ont commencé l'établissement de l'Académie royale de
Peinture, à Paris, en 1648. Plusieurs églises
de Flandre sont ornées de ses tableaux ; il composoit avec facilité, sa touche est brillante
dans l'histoire comme dans le portrait. En 1704
il fut chargé par le maréchal de Villeroi, de
copier la fameuse *Descente de croix*, à Notre-
Dame d'Anvers, le chef-d'œuvre de Rubens,
en cinq tableaux, copies qui firent à cette
époque une grande sensation en France : on
ignore ce qu'elles sont devenues. Van Opstal

a exécuté pour la cathédrale de Saint-Omer
les Quatre Pères de l'église latine, excellent
tableaux ; *le Portrait d'un des Directeurs de
l'Académie d'Anvers*, pour sa réception dans
cette compagnie, est très beau : les peintres de
fleurs ont souvent employé son pinceau pour
peindre en reliefs divers sujets en camayeux
sur des vases ou des marbres.

MAES (*Godefroy*), né à Anvers en 1660,
élève de son père : l'Académie d'Anvers l'admit
au nombre de ses membres en 1682; son morceau de réception représente *les Arts libéraux*.
Maes s'est distingué comme peintre d'histoire,
il eut un coloris assez brillant pour être comparé à celui de Rubens, et plusieurs de ses ouvrages, sans justifier cette comparaison, sont
d'une couleur vraie et très harmonieuse. Sa
réputation fut assez grande pour lui attirer des
occupations du premier ordre : on cite comme
son chef-d'œuvre *le Martyre de saint Georges*,
dans l'église de ce nom, à Anvers. A l'église
métropolitaine, même ville, on remarque avec
autant d'intérêt *le Martyre de sainte Lucie*. Les
dessins de Maes sont estimés et variés dans la
manière, tantôt au crayon, tantôt simplement
à la mine de plomb, ou lavés à l'encre de la
Chine. Après sa mort, sa veuve a vendu 800 florins une suite de compositions des fables d'O-

ide, qui ont classé Maes parmi les génies de
n école.

. WISSING (*Guillaume*), né à La Haye en 1656,
lève de Guillaume Doudyns et de Lely, à Lon-
lres : c'est dans cette dernière école que Wis-
ng déclara ses talents dans le portrait, qu'il se
it admirer, et proclamer d'une voix unanime
premier peintre de Jacques II. Son mérite trans-
cendant, l'estime singulière que les grands
avoient pour lui, les faveurs dont il étoit comblé, excitèrent contre lui toutes les fureurs de
l'envie : le poison termina sa vie glorieuse,
suivant les Anglois, chez le comte d'Essex, le
10 février 1687, à l'âge de 31 ans ; on lit au bas
de son portrait, gravé par Smith :

Immodicis brevis est ætas.

A Londres, Wissing a peint *les Portraits de
Jacques II, des Princes et Princesses de la famille
du monarque ;* à La Haye, ceux *du prince d'O-
range, de Guillaume III, stathouder ;* et de *la
princesse Marie d'Angleterre, son épouse.*

PAULY (*N.*), né à Anvers en 1660, élève de
Joseph Werner, rappelé dans l'histoire des Pays-
Bas comme un amateur qui s'est distingué dans
le portrait en miniature.

BRANDMULLER (*Grégoire*), né à Bâle en 1661,
mort à 29 ans, 1691, élève de Charles Le Brun.

Sous les auspices de ce grand maître, le jeune Brandmuller remporta le grand prix à l'Académie royale de France, et travailla aux peintures immenses du château de Versailles. Les cours de Prague, de Wurtemberg, de Bade-Dourlac, s'enrichirent de ses productions ; ses compositions dans l'histoire sont ingénieuses, spirituelles, pleines de feu et d'expression ; ses portraits se ressentent de son génie inventif, ils sont posés et ajustés avec art ; on remarque dans ses ouvrages :

Une Descente de croix, figures de grandeur naturelle (aux Capucins, à Dornach) ; *une Course romaine*, riche composition (Coll. de Schweighauser), *le Portrait du magistrat Blarer de Wartensee*, *le Baptême de Jésus-Christ*, *une belle copie de la défaite de Darius*, d'après Le Brun.

Bockhorst (*Jean de*), né à Deulekom en 1661, mort en 1724, élève de Kneller, à Londres.

Mylord Pembroke a beaucoup employé le pinceau de cet artiste, qui traitoit le portrait, l'histoire et la bataille : ses ouvrages sont répandus dans le pays de Clèves, en Allemagne et à la cour de Brandebourg.

Oudenaerde (*Robert Van*), né à Gand en 1663, mort en 1743, élève de *Carlo Maratti*, à Rome.

Oudenaerde se fortifia dans la peinture et dans la gravure sous les auspices de son maître, et mérita encore le titre d'excellent poète latin, qui lui fut décerné par les savants et les académiciens de Rome. Sa réputation porta le cardinal Barbarigo, évêque de Vérone, à le choisir pour exécuter un ouvrage sur sa famille, composé de portraits et d'emblèmes : la mort du cardinal ayant suspendu l'achèvement de ce recueil, il reste composé de cent soixante-quinze planches, avec les vers latins d'Oudenaerde, qui valurent à leur auteur les éloges des artistes et des gens de lettres. Ses principaux ouvrages, depuis son retour à Gade, sont des tableaux d'histoire, des portraits; les premiers montrent une belle ordonnance et de la correction; les seconds une touche franche, facile, et du goût.

L'Apparition de saint Pierre aux Chartreux, *dans un instant où ils se disposent à quitter leur maison*, superbe tableau, le chef-d'œuvre de l'auteur (aux Chartreux); *Notre-Seigneur au milieu des docteurs* (église des Béguines), *Sainte Catherine qui refuse l'encens aux faux dieux* (église de Saint-Jacques), *les Portraits des principaux Religieux de l'abbaye de Baudelo*, de son temps, grandeur naturelle, belles productions d'Oudenaerde (abbaye de ce nom).

JANSSENS (*Victor-Honoré*), né en 1664, mort en 1739, élève de Volders.

En 1718 il fut nommé peintre de l'empereur, à son retour d'Italie, où il voyagea sous la protection du duc de Holstein, qui lui fit donner avant son départ une lettre de change de seize cents florins. Les Romains enployèrent à l'envi le pinceau de Janssens; Tempeste, habile paysagiste, eut souvent recours à lui pour orner ses tableaux de sujets épisodiques. Janssens, à Rome, prit pour guide les ouvrages de *Francesco Albani*, ce qui le détermina à peindre l'histoire dans une petite proportion : ce mode d'exécution lui attira l'amitié de tous les amateurs, qui ne pouvoient obtenir ses ouvrages que long-temps après les avoir commandés, tant il fut surchargé d'occupation. Janssens donne à ses têtes de la finesse, de la grâce; son coloris est vrai, naturel; il est assez régulier dans le trait et très fécond dans l'invention; mais ses ouvrages ne soutiennent plus dans la postérité l'estime qu'on en faisoit de son temps. Parmi ses grands ouvrages on cite plusieurs plafonds traités avec la plus rigoureuse perspective, bien entendus pour l'effet; et plusieurs tableaux répandus dans les monuments publics de la ville de Bruxelles.

Les Juifs affligés de la peste sous le règne de

David, Saint Roch (église de Saint-Nicolas); *Notre-Seigneur tourmenté par les Juifs* (église des Capucins), *Jésus-Christ mort sur les genoux de la Vierge* (aux religieuses de Sainte-Brigitte), *Saint Charles Borromée qui soulage les pestiférés* (église des Carmelites du grand couvent), *le Martyre de sainte Barbe, le Martyre de saint Boniface, le Couronnement de la Vierge* (salle des Tailleurs).

LEYSSENS (*N.*), né à Anvers en 1661, mort en 1710 : après s'être rendu fort jeune à Rome, il revint dans sa patrie avec une sorte de réputation qui lui procura des travaux. Leyssens a souvent été employé à enrichir de nymphes, d'enfans, de bustes, et autres accessoires, les tableaux des peintres *Hardimé, Bosschaers, Verbruggen,* etc.; il dessinoit bien, et son coloris est estimé.

SPIERS (*Albert Van*), né à Amsterdam en 1666, mort en 1718, élève de Guillaume Van Ingen, surnommé *Pyramide,* par la bande académique, parce qu'il étoit grand et maigre.

Van Spiers a beaucoup étudié Raphaël, Jules Romain, à Rome, et à Venise, Paul Véronèse; il conste de ce penchant pour ces maîtres, que ses ordonnances et son mode d'exécution s'approchent plus des Italiens que des Flamands :

on voit de Spiers plusieurs plafonds dans la ville d'Amsterdam.

Pool (*Juriaen*), né à Amsterdam en 1666, mort en 1745; Rachel Ruisch, son épouse, célèbre dans la peinture, a immortalisé le nom de Juriaen Pool, dont on se ressouviendroit à peine aujourd'hui, s'il n'eût laissé que des portraits de son temps estimés par quelques familles, et dont on ne parle plus aujourd'hui.

Schoor (*N. Van*), né à Anvers vers 1666, a exercé des talents qui n'intéressent que foiblement nos ressouvenirs, et sont en grande partie perdus pour sa mémoire : employé la plus grande partie de sa vie à diriger les cartons pour les manufactures de tapisseries, ou à orner de vases, de reliefs et de camayeux, les tableaux des peintres de fleurs, il a peu travaillé pour sa gloire.

Herregouts (*Henri*), natif de Malines vers 1666, surnommé *le Vieux*.

Les villes d'Anvers, Lierre, Louvain, Bruges, occupèrent son pinceau ; sa grande facilité lui procuroit le moyen de satisfaire aux plus grandes entreprises avec promptitude, et il a laissé beaucoup de tableaux parmi lesquels on en distinguent qui sont estimables.

Le Martyre de saint Matthieu (à Notre-Dame d'Anvers), *Saint François Xavier, un crucifix à la main, met en fuite l'armée des idolâtres* (ancienne église des Jésuites, *ibid.*); *Saint Tryon* (à Notre-Dame de Bruges), *Saint Dominique en prières, et l'Apparition de Notre-Seigneur en croix* (église des Jacobins, *ibid.*); *la Résurrection de Notre-Seigneur, la Madeleine pénitente, Notre-Seigneur au tombeau* (église de l'hôpital de la Madeleine, *ibid.*). Herregouts s'est fait remarquer en exécutant *le Jugement dernier*, dans l'église paroissiale de Saint-Anne, à Bruges; c'est le plus grand des tableaux connus, les figures sont double de la nature; il y a de grandes beautés dans cette vaste composition, partout elle décèle du génie; les proportions y sont très bien observées, le nu est assez purement dessiné. Herregouts a peint avec succès le paysage, et souvent il a peint des figures sur les tableaux des paysagistes. Les Carmes d'Anvers possédoient des paysages par Lucas François, et par Asselyn, ornées de figures épisodiques par notre artiste.

HERREGOUTS, fils du précédent, a suivi de près la manière de son père : *la Vierge dans la gloire* (église de Sainte-Anne, à Bruges); *un Saint de l'ordre des Carmes, prêchant dans une assemblée de cardinaux* (aux Carmes, *ibid.*); *la Présentation au temple* (ibid.).

LEUR (*Van der*), né à Bréda en 1667 : arrivé

fort jeune à Rome, il plut à un cardinal qu'on ne nomme point, qui lui procura l'avantage de copier les grands maîtres et de les étudier : né sans génie, Van der Leur n'entreprit qu'avec beaucoup d'efforts des tableaux de sa composition, de sorte qu'il ne fut jamais que copiste de profession, et il a fait à Rome d'excellentes copies.

Lastman (*Pierre*), né à Harlem en 1581; illustre professeur dans l'art de l'imitation, chef d'une école nombreuse d'habiles et de savants peintres, qui a occupé les poètes et les historiens de sa patrie, lequel n'a que foiblement intéressé l'historien Descamps; il n'en dit qu'un mot, et il ignore ses œuvres que la gravure a répandus dans tous les porte-feuilles de la haute curiosité. Nous connoissons de Lastman, maître du célèbre Rembrandt, *Judas caressant Thamar*, le fond est un paysage; *une Femme assise devant une espèce d'arcade, la tête couverte d'un petit voile, les deux mains devant elle :* l'artiste a gravé à l'eau-forte ces sujets. On rencontre rarement ses ouvrages en peinture.

Lastman (*Nicolas*), fils de Pierre Lastman, né à Harlem en 1619, élève de Jean Pinas : il s'est singulièrement appliqué à chercher la manière du Guide : on a de sa composition *le Samaritain charitable*, fond de paysage hérissé de

(127)

roches, orné de ruines, et baigné par un tor-
rent que traverse un pont, sur lequel marchent
le prêtre et le lévite si peu charitable. Nicolas
Lastman a gravé ce morceau et quelques pièces
d'après le Guide, d'après Pinas et d'après son
père ; il a fait aussi une copie du portrait de Carl
Van Mander, d'après Saenredam. Basan n'indique rien de plus de Nicolas Lastman, qui a
signé quelquefois *Petri Nicolas,* et ne dit pas
un mot du père. Le *Manuel des Curieux et des
Amateurs de l'art* est plus exact, tom. V, pages
300 et 301, *Zurich,* 1801.

LOTH ou LOTHI (*Carlo*), né à Munich en 1611,
mort à Venise en 1698.

Ce grand artiste, un de ceux qui n'ont pas
moins honoré les nations qui nous occupent,
est encore oublié par Descamps. Loth, en Allemagne, a été au service de l'empereur Léopold,
en qualité de premier peintre de ce prince ; envoyé en Italie pour se perfectionner, il entra dans
l'école du Caravage, et bientôt après dans celle
du cavalier *Liberi.* Son coloris, un peu rouge,
tient de ce dernier maître ; mais les tableaux de
son meilleur faire sont brillants, lumineux. Carlo
Loth composoit avec intelligence, son clair-
obscur est bien entendu, le pittoresque règne
dans toutes ses spéculations avec ordre et sagesse ; il a de la fierté, du caractère, et parfois

de belles expressions. Cochin, qui se connoissoit mieux en peinture que l'historien Descamps, fait une mention fort satisfaisante de cet artiste, dans les courtes notices de son Voyage d'Italie. Ses ouvrages les plus remarquables sont dans les états vénitiens : *le Martyre d'un Saint, en haut la Vierge ;* il est beau, d'un faire facile, et d'un caractère grand, dit Cochin ; la composition est ingénieuse et bien traitée dedans les raccourcis ; les têtes sont belles, surtout celles de la Vierge et du prêtre des idoles (à *Santa-Maria Giubenicco*) ; *un Christ mort,* beau tableau, bien dessiné, d'une manière large ; la couleur est un peu rousse, les têtes sont belles (*Chiesa dello Spedaletto*) ; *Saint Joseph,* bien composé et bien groupé, très gracieux, et d'une couleur forte et vigoureuse (*Santo-Silvestro*) ; *l'Adoration des Rois* (le *Spirito Santo*), *la Mort de saint Joseph,* tableau bien composé, d'une belle couleur, bien dessiné, les têtes sont pleines d'expression, (à *San - Giovan Crisostomo*). Cochin, de qui j'emprunte ces citations, dit que le coloris de Carlo Loth a quelque analogie parfois avec celui de notre artiste Charles de La Fosse.

Vinne (*Vincent Van der*), né à Harlem en 1629, mort en 1702, élève de François Hals.

Ce peintre, après avoir long-temps erré en Allemagne, en Suisse, en France, revint dans sa patrie encore jeune, et s'exerça à peindre des plafonds, des portraits, des enseignes, et ne fut point humilié par ce dernier genre de travail, que le préjugé réprouve ailleurs, mais que, surtout autrefois, on ne mésestimoit point dans la ville de Harlem, qui se distinguoit par de belles enseignes, ainsi que la ville d'Amsterdam, qui tiroit quelque vanité d'une enseigne par Rubens. Van der Vinne a peint l'histoire, le portrait, le paysage et les animaux en grand et en petit, et aussi quelques petits tableaux de genre; ses ouvrages montrent du feu, de l'imagination et l'imitation du vrai. Ce peintre, qui partageoit son temps entre les lettres et les arts, a encore laissé des emblèmes ingénieux en vers et en prose. Dans l'ancienne et magnifique Collection du prince Charles, à Bruxelles, on voyoit six bons tableaux de cet artiste, dont *quatre Portraits, un Port de mer, un Dentiste.*

NIMEEGEN (*Élie Van*), né dans la ville dont il porte le nom, en 1667, mort très âgé, élève de son frère Tobie.

Ce peintre a traité avec une égale facilité l'histoire, l'architecture, le paysage, les fleurs. Dans le pays de Clèves, à Rotterdam, à La Haye, il a exécuté des plafonds dont ses historiens font l'éloge. Il mérita l'amitié de trois hommes illustres, le chevalier Van der Werff, le chevalier Lély, Govaert Flink, et aussi la protection du baron de Wachtendonk. Sa fille, son fils, son gendre qui étoit son neveu, ont été ses élèves. Sa fille a très bien peint les fleurs.

MATHISSENS (*Abraham*), natif d'Anvers.

On connoît deux tableaux d'histoire de Mathissens, *la Mort de la Vierge ; la Vierge, l'Enfant Jésus, et saint François.* Le premier est dans la cathédrale d'Anvers, derrière le grand autel ; l'autre orne l'épitaphe du peintre, aux Récollets de cette même ville. Ses historiens disent qu'il eut aussi des talents dans le paysage.

ARLAUD (*Jacques-Antoine*), né à Genève en 1668, mort subitement en 1743, célèbre peintre en miniature, ami des grands, des savants de son siècle, à Londres, en France, et partout où il a voyagé. La protection du duc d'Orléans, régent, prépara sa fortune et sa gloire. Il eut l'honneur de donner des leçons à ce prince, un de nos plus célèbres amateurs du dix-septième siècle. Louis XIV avoit fait placer les ouvrages d'Arlaud, en sa présence, dans son cabinet, en le comblant de louanges et de bienfaits. A Londres, il fut reçu avec la plus grande distinction par la princesse de Galles, depuis reine. Newton lui communiqua ses Essais sur l'Optique, que notre artiste mit en lumières avec les figures qu'il en a tracées. Tous les historiens s'accordent à faire l'éloge d'une miniature représentant *Léda et Jupiter*, qu'il fit d'après un bas-relief en marbre par *Michel Angelo Buonarotti*. Le duc de La Force fit l'acquisition de cette miniature pour la somme de douze mille francs. Ce seigneur ayant éprouvé des revers de fortune, fut obligé de la remettre à l'artiste avec trois mille francs de dédommagement.

Arlaud, entraîné par l'exemple du Régent, qui fit mutiler, par un excès de scrupule religieux, *Jupiter et Io*, et *Jupiter et Léda*, par le Corrège (1); Arlaud, dis-je, mit en pièces sa Léda, qui disparut en 1738. Les morceaux, retrouvés depuis, ont été dispersés entre les mains de plusieurs amateurs étrangers.

Arlaud, après avoir vécu près de quarante ans à Paris, se retira dans sa patrie avec une fortune considérable, une riche Collection de tableaux et de livres : il occupa une maison charmante située sur le lac de Genève, où les étrangers venoient le visiter, ainsi que les savants qui étoient toujours en correspondance

---

(1) Le premier tableau venoit de la riche Collection de la reine Christine de Suède, qui a passée en France avec cette princesse. (*Voy*. mon Guide des Amateurs, écoles italiennes, page 138.)

avec lui. Ayant toujours vécu célibataire, il légua en mourant une partie de sa fortune à ses amis ; et sa riche Collection de tableaux, d'estampes, de médailles, sa bibliothéque composée de livres rares, à la ville de Genève. Dans la bibliothéque de cette ville on conserve deux miniatures en grand, par Arlaud ; l'une, *la Sainte Famille* ; l'autre, *la Madeleine pénitente*. Largillière a peint le portrait de ce célèbre artiste travaillant à sa *Léda*, son morceau favori, pour être placé dans la Galerie du grand-duc de Florence, parmi ceux des grands artistes de son siècle. Au nombre des poètes qui ont fait des vers à sa louange, ceux du comte Hamilton sont les plus remarquables.

Huber (*Jean-Rudolf*), né à Bâle en 1668, mort en 1748, élève de Gaspar Meyer, peintre médiocre, à Rome, de *Carlo Maratti* : surnommé par les Italiens le *Tintoret* de la Suisse.

En 1696 Huber fut appelé à la cour de Stutgard par le prince Évrard-Louis, qui le nomma son premier peintre. Jaloux de sa liberté, et redoutant les écueils des cours, il refusa toute espèce de proposition qui ne tendoit qu'à une gloire passagère : il n'en fut que plus estimé et plus recherché. A dix-huit ans il étoit à Rome, et visita successivement les villes de Bergame, Vicence, Vérone, Venise. Le Titien fixa son attention, et il étudia scrupuleusement les ouvrages de ce prince du coloris. Pierre Tempeste, savant paysagiste, l'aimoit tendrement, et cet attachement lui procura l'avantage d'user du pinceau d'Huber pour orner ses paysages de figures. Les ouvrages de cet artiste dans l'histoire, et plus encore dans le portrait, sont innombrables, et répandus dans toutes les cours d'Allemagne, de la Suisse, et dans les familles considérables de tous les pays où il s'est arrêté. Jamais, dit-on, il ne s'est fait aider par qui que ce soit; aussi la nécessité de fournir à toutes les demandes qu'on lui faisoit, lui a fait négliger beaucoup de productions qui ne s'élèvent pas au-dessus du médiocre. Les plus remarquables comme les plus essentielles à l'histoire sont : *Frédéric-Magnus, margrave de Bade-Dourlach, et toute sa famille*, dans le même tableau (au palais des successeurs de ce prince); *les Portraits des généraux Oettingen, Furstemberg, l'ambassadeur d'Angleterre Derwarts et sa famille, le comte de Trautmansdorf*, célèbre amateur du dix-septième siècle; *Frédéric Ier, roi de Prusse; Raschen*, directeur des Communautés, à Bâle; *Marian*, bourgmestre; *Battiers*, grand-maître des Communautés, à Bâle; *Marschal*, capitaine impérial. Un des tableaux les plus importants pour l'histoire, est celui que Jean-Rudolf Huber entreprit par les ordres du comte du Luc, pendant le traité de Bade en 1714 ; il représente *les Plénipotentiaires du royaume de France et des états de l'Empire*, savoir, pour la France, *le maréchal de Villars*, *M. de Saint-Contest*, *le comte du Luc*, *M. du Theil*, secrétaire d'ambassade ; pour l'Empire, *le prince Eugène*, *les comtes de Goës*, *de Seirlen*, et *M. de Bendenrieth*, secrétaire de légation. Ce précieux tableau a passé en France chez l'évêque d'Aix ; on ignore ce qu'il est devenu.

HAL (*N. Van*), né à Anvers en 1668, artiste dont on ne parle plus et qui a laissé quelques traces de ses talents dans l'ornement, sur les marbres et accessoires qui enrichissent quelques tableaux des peintres de fleurs.

PÉE (*Théodore Van*), né à Amsterdam en 1669, élève de son père Juste Van Pée ; artiste qui a peint l'histoire et quelques scènes pastorales. Il est signalé par les historiens comme un charlatan qui n'a cherché toute sa vie qu'à faire des dupes, tant avec ses ouvrages qu'avec les anciens tableaux, soit à Londres, où il a voyagé, soit dans sa patrie.

ZUSTRIS, SUSTRIS ou SUSTER (*Lambert*), né à Amsterdam ; florissoit à la fin du seizième siècle, élève de Christophe Schwarts et du Titien.

Vénus sur son lit jouant avec l'Amour et ses

colombes, *en attendant la visite de Mars* (Coll. de France).

KERCKHOVE (*Joseph Van den*), né à Bruges, mort en 1724, élève d'Érasme Quellin le père, et de l'école de France où il a long-temps étudié et où il fut considéré : on ignore les travaux qu'il a été chargé d'exécuter dans quelques-unes de nos maisons royales. C'est à Bruges, à Ostende qu'il a laissé ses travaux les plus marquants. *Les OEuvres de Miséricorde* (un des quatre tableaux qui décorent l'église collégiale de Saint-Sauveur, à Bruges); *la Résurrection de Notre-Seigneur*, bon tableau (chapelle de la Boucherie); *la Circoncision* (église des Carmes), *le Martyre de saint Laurent* (église des Sœurs noires, à Ostende).

SEIBOLD (*Chrétien*), né à Mayence en 1697, mort à Vienne en 1768.

Le portrait de Seibold peint par lui-même (Coll. de France).

GAELEN (*Alexandre Van*), né en 1670, élève de Jan Van Hugtemburg : il a peint des batailles, des chasses, des animaux, et a été employé par l'électeur de Cologne, et à la cour d'Angleterre.

*La reine Anne dans un carrosse à huit chevaux, accompagnée de ses gardes et des princes de sa cour; trois Batailles données par Charles I*er*,

contre Cromwell; *Guillaume III*, à la bataille
de Bouvines.

BLOND (*Christophe Le*), né en 1670, s'est fait
une réputation dans la miniature : c'est lui qui
a perfectionné la manière d'imprimer les estampes coloriées, d'après les essais de Lastman et
autres.

RADEMAKER (*Guérard*), né en 1672, mort
en 1711, élève de Van Goor.

A son retour de Rome, il fut employé à
peindre les plafonds de l'Hôtel-de-Ville d'Amsterdam, et se fit une réputation assez grande
pour mériter le titre de bon peintre hollandois.
Peu d'artistes ont possédé comme lui le talent
de l'architecture, de la perspective, et l'illusion
des reliefs ; ses compositions brillent par toutes
ses connoissances : on a de Rademaker, *l'Église
de saint Pierre de Rome*, bon tableau (Coll. de
Wabraaven).

SMITS (*N.*), natif de Bréda : au château d'Hons-
Laarsdyck, on voit de fort bons plafonds et
quelques tableaux d'histoire, de cet artiste qui
florissoit dans le dix-septième siècle.

MEYBURG (*Bartholomé*), florissoit en 1653 :
il a fait le portrait avec distinction ; en Allemagne il a peint *le Portrait du général Wrangel,
et plusieurs Officiers de l'armée de Suède.*

Wigmana (*Guérard*), né à Workum en 1673, mort à Amsterdam en 1741.

Cet artiste peignoit l'histoire en petit et des sujets de la fable; il finissoit avec une patience extrême : son coloris émeraudé est brillant sans être harmonieux. Sa passion pour Raphaël, auquel il se comparoit quelquefois, l'a fait surnommé *Raphaël-le-Frison*. Les ouvrages de Wigmana sont assez ingénieusement composés, mais froids et sans grâces : quelques-uns ont été rendus fort cher, non du vivant de l'auteur, car il est mort dans la plus grande médiocrité pour avoir trop exagéré le prix de ses tableaux. Dans le nombre on cite : *les Adieux d'Hector*, *Alexandre au lit de la mort* (ce dernier étoit dans la Coll. de Lormier); *le Génie du dessin*, représenté par une jeune fille assise (Coll. de Van Heteren); *la Déesse Cérès* (Coll. de Nicolas Van Brémen), *Joseph et la femme de Putiphar* Coll. de Leers, à Rotterdam).

Duvenède (*Marc Van*), né à Bruges en 1674, mort en 1729, élève de *Carlo Maratti*.

Cet artiste a suivi la manière de son maître, tant à Rome qu'à son retour dans sa patrie. *Le Martyre de saint Laurent* (chapelle de Saint-Christophe, à Bruges); *Salomon offrant l'encens aux faux dieux, Samson et Dalila, Jahel qui* tue *Sisara*, *les quatre Éléments* (Coll. de Woor-machtingh).

STAMPERT (*François*), né à Anvers en 1675, mort à Vienne en 1750 : il s'est distingué dans le portrait ; l'empereur Léopold Charles VI l'honora du titre de Peintre de son cabinet. On trouve plus de réminiscence que de vérité dans ses ouvrages.

DANHAVER, originaire de Souabe, élève de *Bombelli*, en Italie : ses talents dans le portrait ont conservé son nom à Saint-Pétersbourg, où il est mort en 1733.

BOONEN (*Gaspard*), né à Dordrecht en 1677, mort en 1729, élève de son frère Arnold Boonen : il s'est fait une réputation en faisant le portrait d'une grande ressemblance, et d'une couleur vraie. Ses ouvrages sont répandus dans les familles d'Amsterdam, et dans sa ville natale.

VASSER (*Anna*), née à Zurich en 1679, morte d'une chute qui l'enleva aux lettres, aux arts, en 1713, aux grands regrets des artistes, des savants de l'Allemagne, qui eurent pour cette fille célèbre une estime toute particulière. Fussli, dans son *Lexique des Artistes*, fait une belle description des talents de Anna Wasser, de la ressemblance, des grâces et du coloris qu'elle donnoit à ses portraits en miniature ; mérite qui fut vivement senti, apprécié et recherché par les cours de Zurich, d'Allemagne, de Londres, de la Hollande, de Bade-Dourlach, de Stutgard, de Wurtemberg. Lucas Hoffman, joaillier à Bâle et son admirateur, n'épargna rien pour acquérir les ouvrages de Anna Wasser, surtout les pastorales qu'elle traitoit avec un goût infini en miniature. Les belles-lettres qu'elle associoit à son art, lui procurèrent un agréable commerce avec le savant Joseph Werner, son maître, Meyer, Hubert, Steller, Dunz, Marie-Claire Emmart et le docteur Schenhzer.

STRUDEL (*Pierre*), né à Kloès ou Clez, dans l'évêché de Trente, en 1679, mort à Vienne en 1717, élève de *Carlo Loth*, à Venise.

L'empereur Léopold, qui estimoit les talents de Strudel, l'honora du titre de Baron. L'artiste fit pour ce prince beaucoup d'ouvrages qui ornent les maisons royales, et plusieurs grands tableaux pour les églises de Saint-Laurent, des Augustins et du monastère de Kloster-Neubourg. On conservoit dans la Collection de l'électeur Palatin, cinq tableaux de Strudel, *deux Bacchanales*, un Ecce homo, *Saint Jean l'évangeliste, une Sainte Famille*.

HELMONT (*Segres-Jacques Van*), né à Anvers en 1683, mort en 1726, élève de son père Jean Van Helmont.

Sans sortir de son pays, cet artiste s'est fait une réputation dans l'histoire qui lui assure un rang fort distingué parmi les peintres flamands : il s'est fait remarquer par la noblesse et l'élévation de son esprit, l'ordonnance de ses compositions et un coloris vrai, ainsi que le prouvent les travaux que nous citons : *le Martyre de sainte Barbe* (église de la Madeleine, à Bruxelles); *la Chananéenne aux pieds de Notre-Seigneur* (église de Saint-Nicolas, *ibid.*); *le Sacrifice d'Élie, la Bulle sabbatine* (église des Carmes, *ibid.*); *les Israélites offrant leurs bijoux au grand-prêtre Aaron, pour l'érection du veau d'or* (Hôtel-de-Ville de Bruxelles, exécuté par l'auteur à l'occasion de Jubilé en 1720 et 1735); *le Triomphe de David, Joseph reconnu par ses frères* (salles des Confréries, à Bruxelles); *le Baptême de Clovis* (paroisse de Wambéké, entre Bruxelles et Alost); *l'Enfant prodigue reçu par son père, l'Immaculée conception* (chapitre de l'abbaye de Grimbergue, près de Bruxelles); *la Cène* (église de Willebroeck, près du canal de Bruxelles); *Sainte Anne* (principale église d'Ath), *Jésus-Christ expirant sur la croix* (cloître des Carmes, à Gand); *les quatre Évangélistes* (palais épiscopal à Ruremonde); *la Rencontre de Jacob et Rachel, la Réconciliation d'Ésaü avec Jacob, la Mission de saint Jean pour baptiser et prêcher, la*

Multiplication des pains, *le Sacrifice d'Abraham*, *la Sainte Vierge*, *Saint Jean l'évangéliste*, tous deux à demi-corps; tableaux de diverses proportions répandus dans les cabinets de Flandre, de Hollande et en Allemagne. Pour son amusement, Jacques Van Helmont a peint des sujets du genre familier: je fais mention de lui à ce sujet en parlant de Matthieu Van Helmont. (*Voyez* le tableau synoptique de David Téniers, tom. I, page 96.)

NÉRANUS (*A.*), florissoit en 1646; il a souvent approché de Rembrandt et de Van Uliet.

Pilate se lavant les mains après avoir présenté Notre-Seigneur aux Juifs (vente du cardinal Fesch, n° 69 du Catalogue, année 1816).

ROORE (*Jacques de*), né à Anvers en 1686, mort en 1747, élève de Van Opstal.

Roore est encore du nombre des artistes belges qui, sans avoir vu l'Italie, se sont distingués par de grandes entreprises dans le style historique. En 1740 on vit sortir de sa main quatre grands tableaux de l'histoire de Pandore; on voit cette déesse au milieu du conseil des dieux, plus de cent figures sont rassemblées dans cette vaste composition. A Louvain, à Leyde, à La Haye, on voit encore plusieurs plafonds de Roore, aussi abondants et aussi ingénieusement composés. Parmi ses tableaux on remarque : *le*

Pastor fido, *le Siége du Capitole*, *par Brennu*
(Coll. de Fagel) ; *Antoine donne le diadème à*
César, au milieu d'une place publique à Rome
(Coll. de Vandelaert) ; *Jéroboam puni pour avoir*
adoré les faux dieux (Coll. de Wannaer, à La
Haye) ; *César déifié dans le Champ-de-Mars*, le
chef-d'œuvre de l'artiste ; *une Bacchanale* (Coll.
de Verschuuring). Jacques de Roore fut dans
son temps un grand connoisseur ; il a fait commerce de tableaux, et il restauroit avec talent.
La vente de son cabinet, en grande partie composé de ses propres ouvrages, s'est faite le 17
juillet 1747 : elle a produit trente mille florins
de Hollande.

WASSEMBERG (*Jean Abel*), né à Groningue
en 1689, mort en 1750, élève de Jean Van
Dieren.

Cet artiste a peint l'histoire et le portrait, en
grand et en petit : on a de lui *le prince d'Orange*,
et presque toutes les dames de la cour ; les bourg-
mestres Gockinga et Bottenius , le connétable
Trip, une belle coupole dans l'hôtel de Sichter-
mans, et en petits tableaux *la Naissance de Jésus-*
Christ, l'Enfance de Jésus-Christ ; tableaux précieux pour le fini, qui rappellent le chevalier
Van der Werff.

WOLTERS (*Henriette*), née en 1692, morte en
1741, élève de Théodore Van Pée, son père.

Les poètes ont chanté les grâces, les charmes et les talents de cette femme célèbre; et tous les historiens s'accordent à faire l'éloge de ses succès mérités dans la miniature. L'électeur palatin Jean Guillaume, le roi de Prusse Frédéric Guillaume, le czar Pierre-le-Grand, se plaisoient à lui rendre visite, autant pour admirer ses ouvrages que pour l'engager à se rendre dans leur cour. Henriette Wolters, extrêmement attachée à sa famille, à son prince, à sa patrie, étonnoit par ses refus mêlés de grandeur d'âme et de dévouement: le roi de Prusse, plus pressant, doubla ses offres généreuses; il insista, mais elle répondit au monarque, avec la fierté hollandoise : *Je préfère l'indépendance de mon pays au despotisme du gouvernement de Votre Majesté; ma patrie m'est trop chère et trop agréable pour la sacrifier au désir d'une vaine gloire.* Le roi, loin de diminuer son estime pour Henriette Wolters, respecta le généreux élan de sa sincérité; il aimoit ses ouvrages, il les rechercha avec le même empressement : on a de cette peintre illustre *les Portraits du czar Pierre-le-Grand, du comte de Lottum, du baron de Vos,* seigneurs saxons; *Hasselaër, Rendorp,* deux bourgmestres d'Amsterdam; *Van Zypesteyn,* bourgmestre de Harlem, *ceux d'Arnold de Raat, son épouse, et du peintre Jacques de Wit.*

WIT (*Jacques de*), né à Amsterdam en 1695, élève de Jacques Van Hal : artiste né avec un génie propre à diriger les grandes entreprises. Malgré les éloges que lui attiroient ses talents dans le portrait, il en dédaigna la contrainte et se livra tout entier à l'histoire. Ses essais lui méritèrent des suffrages, et en 1736 il reçut l'ordre des bourgmestres d'Amsterdam, de décorer la salle du conseil des Trente-Six : le sujet est, *Moïse qui choisit les soixante-douze vieillards pour former son conseil*, vaste composition qui porte quarante-cinq pieds de long sur dix-neuf de haut; les ornements, les bas-reliefs, les emblèmes analogues à la sagesse, aux vertus, à l'indépendance, au commerce, qui ornent cette salle, sont tous de la main de Jacques de Wit : on y admire l'invention, le goût, la franchise de l'exécution, l'esprit qui règne partout et la fraîcheur du coloris. On le cite comme ayant possédé un talent dans lequel il n'avoit point encore été surpassé, l'art d'imiter jusqu'à l'illusion les bas-reliefs en marbre, en pierre, en bois, en terre cuite. Ses talents ont été recueillis à cet égard dans presque toutes les Collections de l'Europe.

Allégorie représentant le Commerce et la Vigilance, avec ce proverbe : LABOR IMPROBUS OMNIA VINCIT. *Des Bacchanales d'enfants*, en plusieurs bas-reliefs ; *l'Atelier d'un Peintre*, représenté par des enfants ; *un beau Vase orné de fleurs* par Jean Van Huysum (Coll. de Braamkamp), *des Enfants qui agacent des animaux* (Coll. du comte de Choiseul), *cinq Vestales qui entretiennent le feu sacré près d'un autel entouré d'urnes, de vases et d'accessoires propres aux sacrifices des anciens ;* imitation du marbre blanc (indiqué chez M. Castel, associé de l'Académie de Peinture, à Toulouse : *voyez* Jacques de Wit, Introduction, page xxv).

ANTIQUUS (*Jean*), né à Groningue en 1702, élève de Wassenbergh : artiste considéré comme un des beaux génies de son école ; estimé dans ses voyages en Italie par *Benafiali, Bianci, Trevizani, Sébastiano Conca* et *Francesco Solimene ;* par le pape Benoît XIII, qui lui accorda la liberté de copier et recueillir les objets les plus rares de sa bibliothéque ; du grand-duc de Florence, qui l'honora d'une pension considérable, pour l'engager à rester à son service ; de tous les curieux et les amateurs qui employèrent à l'envi son pinceau. On voyoit au château de Bréda d'excellents tableaux d'Antiquus : dans la chambre à coucher, *Mars déshabillé par les Gráces ;* dans la salle d'audience, *Coriolan, Scipion-l'Africain.* En 1747, Antiquus a peint *l'Apothéose d'Enée*, en plafond, dans l'hôtel de

M. Sichtermans; et *le Parnasse*, plafond de dix-huit pieds, dans l'hôtel de M. Landsheer : tous ces ouvrages annoncent la bonne source où il avoit puisé les principes de son art.

Bisschop (*Cornille*), né à Dort en 1630, mort en 1674, élève de Ferdinand Bol : il a laissé quelques tableaux d'histoire et des portraits passables, mais bien au-dessous des éloges qui lui ont été prodigués par ses compatriotes.

Krause (*François*), né à Augsbourg en 1706, mort en 1754, élève de *Piazzetta*, à Venise.

A son retour d'Italie, Krause vint à Paris, où il fut peu connu ; il parcourut les provinces de France, s'arrêta à Dijon, et fixa sa demeure à Lyon : il a peint dans cette ville plusieurs tableaux pour l'église de Sainte-Croix, et pour celle de Notre-Dame des Ermites. Ses meilleurs ouvrages décoroient autrefois le monastère des Chartreux, à Dijon. *La Madeleine chez Simon le Pharisien*, bon tableau, sujets de la *vie de la Vierge*, en sept morceaux, dans le chapitre des mêmes religieux. Le coloris de Krause est d'une mauvaise qualité, et pousse si fort au noir, qu'à peine les objets se détachent les uns des autres, et son exécution a quelque chose d'âpre qui rebute. En général, cet artiste est du nombre de ceux qui ne laissent que de foibles souvenirs.

Dietrich (*Christian-William-Ernest Dietricy*

ou *Dietrici*, dit), né à Weymar en 1712, mort à Dresde en 1774, élève de son père et d'Alexandre Thièle.

Cet excellent artiste, qui parut long-temps après la chute des beaux temps de l'école allemande, est un phénomène en peinture, ou plutôt un véritable protée, qui sut prendre tous les goûts, toutes les formes, et parcourir toutes les divisions de l'art, avec un succès prodigieux ; qui sut conserver le coloris brillant et vrai des beaux siècles allemands et flamands, pendant la longue agonie du goût dont les beaux-arts furent frappés, durant le cours du dix-huitième siècle. Dietrich a imité le mode et l'exécution de plusieurs maîtres les plus difficiles, de Rembrandt surtout, quelquefois avec autant d'art que ce prince du clair-obscur et du coloris; il a atteint, quand il a voulu, le fini, la patience du chevalier Van der Werff, la singulière magie des grotesques d'Ostade, les teintes aériennes de Joseph Vernet, le goût, la grâce et le coloris de Wateau. Nous avons de cet habile homme des tableaux dans toutes ces manières, ne laissant apercevoir aucune trace de servitude, et exécutés avec cette franchise d'une touche originale que le génie de l'invention gouverne. Beaucoup de sujets puisés dans l'histoire, sont sortis de son pinceau, et même des

sujets déjà traités par nos plus célèbres Italiens,
tels sont : *S. Jérôme recevant le viatique au pied
de l'autel* (Coll. de M. de Burtin, à Bruxelles);
tableau d'un rare mérite et rempli d'expression,
suivant la description qu'en donne le propriétaire (1).

L'Adoration des Mages, composition de plus
de vingt figures; beau tableau (Vente du général
Verdier, mars 1816, n° 47 du Catalogue); *le
Repos de la Sainte Famille :* saint Joseph, assis,
contemple la Vierge qui présente le sein à l'En-

---

(1) *Traité des Connoissances nécessaires aux Amateurs de Tableaux*, tom. II, pag. 175. Si j'ignorois le
mérite de Dietrich, je n'en croirois point sur parole
l'auteur qui, dans un ouvrage destiné à l'instruction,
cite trop souvent ses propriétés, avec des comparai-
sons qui rappellent presque toujours la charlatanerie
des Catalogues de vente. Ainsi paroissent aux yeux de
la raison ses efforts pour élever le tableau que nous
citons, d'une dimension de 22 pouces sur 17, jusqu'à
la Communion de saint Jérôme, par *Zampieri Domenichino*, une des plus vastes et des plus étonnantes
productions de l'esprit humain. Si l'auteur envers qui
je me permets ce reproche pouvoit me soupçonner
d'avoir l'intention de préjudicier à l'intérêt que doit
d'ailleurs inspirer son ouvrage, je l'engagerois à jeter
un coup d'œil sur l'article que j'ai rédigé en sa faveur
dans *le Spectateur*, ou *Variétés hist. litt. crit. et
morales*, tom. II, pag. 321, année 1814.

fant Jésus; une lanterne accrochée à un arbre éclaire la scène (Catalogue de M. de La Perriere, avril 1817, n° 18, adjugé à 1,700 francs).

KLENGEL (*Hant-Christian*), né à Kesseldorf, près Dresde, en 1761, élève de Charles Hutin et de Dietrich : il a imité ce dernier jusqu'à s'y méprendre quelquefois, avec quelques tableaux d'histoire en petit. On a encore de Klengel des scènes familières, des paysages avec figures et animaux.

MENGS (*Antoine-Raphaël*), né à Aussig en Bohême en 1728, mort à Rome en 1779, avec le titre de Peintre du roi d'Espagne.

Ses principaux ouvrages sont à Madrid et à Rome; on en trouve le détail dans sa Vie à la tête du Recueil de ses écrits, traduits de l'italien en françois (1787, 2 vol. *in-4.*); *la Sainte Famille* (galerie impériale de Vienne), *une petite Madeleine* (galerie de Dresde), *l'Ascension*, vaste tableau (église de cette cour); *le Christ mort*, *la Nativité*.

Mengs a occupé l'Europe entière, pendant vingt-cinq ans du siècle dernier, avec une espèce d'enthousiasme qui dégénéroit en fanatisme. M. de Cumberland, dans des notes sur la Collection d'Espagne, a dépassé les bornes de la critique en frondant l'opinion publique avec des conclusions de taverne angloise. Le cheva-

lier d'Azara donne à Mengs le sceptre des beaux-
arts ; il élève l'artiste allemand au-dessus de
Raphaël ; on diroit même qu'il veut en faire un
dieu. M. de Burtin détrône l'idole et la brise. On
ne doit rien attendre de plus de la passion, de
l'enthousiasme et de l'humeur. Mengs, pour son
siècle, a certainement tenu un rang fort distingué ; et quoiqu'il soit bien au-dessous de sa réputation en peinture, on ne lui disputera jamais la
supériorité qu'il avoit alors sur tous les artistes
historiens. Les services qu'il a rendus à Winc-
kelmann, en lui fournissant les instructions
techniques de son art, sont déjà de grands titres ;
mais ses propres écrits, soumis à la discus-
sion, n'offriroient que des êtres de raison, des
opinions paradoxales, cet esprit sophistique qui
gagnoit tous les écrivains de son siècle, et dont
J.-J. Rousseau même ne fut point exempt. Mengs
fut un grand penseur, il préféroit l'antique à
tout, et s'il ne sut pas assez profiter avec le pinceau du sens qu'il avoit reçu de la nature pour
en distinguer les beautés ; c'est qu'il n'étoit pas
né peintre. L'admiration qu'il a fait naître s'est
évanouie avec son siècle ; ses tableaux pâlissent
devant son exagération sur l'idéal ; ils sont
froids, sans expression, et cependant beaucoup
au-dessus du médiocre. En traitant avec dureté
l'école françoise, il s'est fait un tort infini, parce

qu'il a montré plus de haine que de jugement ; il a exhalé sa bile jusque contre le Poussin, en qualifiant d'ébauches les chefs-d'œuvre inappréciables du Plutarque françois ; et lui-même ne s'apercevoit pas qu'il étoit souvent au-dessous de nos plus grands artistes de la décadence du dix-huitième siècle. Je rends justice aux talents de Raphaël Mengs, mais je crois, et j'ose même assurer, qu'il n'a rien fait de mieux que le *Saint Charles* et *la Vierge*, par Carle Van Loo, qui décorent les chapelles latérales, en avant du chœur de la paroisse Saint-Merri ou Méderic, à Paris. La comparaison que j'amène ici ne paroîtra point déplacée, si l'on ne perd pas de vue qu'à l'époque que nous parcourons, l'art étoit partout dans une telle décadence, qu'on étoit réduit à citer comme les trois plus grands peintres historiens de l'Europe, *Pompée Battoni*, *Raphaël Mengs*, et *Carle Van Loo*.

SAINT-OURS, né à Genève en 1752, mort dans la même ville en 1809, élève de Vien, d'André Vincent, et correspondant de la quatrième classe de l'Institut.

Saint-Ours a mérité le grand prix de peinture à l'Académie royale de France : il ne lui fut point décerné, parce qu'il étoit protestant ; mais il a fait le voyage de Rome, et, comme les pensionnaires du roi dans cette ville, il a envoyé à l'Académie plusieurs études, qui ont été exposées publiquement, et accueillies avec des applaudissements bien mérités. Diverses esquisses, peu de tableaux, et quelques vignettes répandues en France, dans les Collections particulières, et dans la typographie, dénotent une grande aptitude à saisir les hautes qualités qui distinguent les grands maîtres; et sans s'être fait une grande réputation, il a tout aussi bien composé et exécuté que beaucoup d'autres de son temps, dont on parle davantage. On assure que plusieurs des monuments publics de sa ville natale sont ornés de ses ouvrages. Notre incertitude à cet égard nous prive d'en faire l'énumération; mais l'existence de cet artiste dans les arts, et ses talents, sont consignés dans les registres de l'Académie royale de Peinture et de Sculpture à Paris, et dans les fastes de la ville de Genève.

DEUXIÈME DIVISION.

PAYSAGES, ARCHITECTURE, RUINES, ANIMAUX, MARINES.

Velde (*Isaïe* ou *Isaias Van den*), né à Leyde, vers 1597, vivoit encore en 1650.

Il a peint avec feu et intelligence des paysages, des sites champêtres ornés de ruines et de bergers, des attaques de brigands, des escarmouches et des batailles. Il a souvent été employé pour orner de figures les tableaux de plusieurs peintres. Isaïe Van den Velde a aussi gravé à l'eau-forte. *Paysage représentant l'entrée d'un village :* beaucoup de figures, et une famille de paysans qui boivent sur le devant; *Paysage, scène pastorale :* un vacher et sa femme gardent des troupeaux; gravés par lui d'après les tableaux de sa composition.

Vereycke (*Hans-Jean*), surnommé *Petit-Jean*.

Carle Van Mander fait l'éloge de sa belle manière de peindre le paysage, et de quelques autres sujets de Vierge et tableaux de famille, que l'on conserve dans le château de Bleu, près de Bruges.

(154)

Weerdt (*Adrien de*), natif de Bruxelles, élève de Chrestien de Querburgh.

Il reste de cet artiste des paysages dans le goût de Mostaert, et dans la manière du Parmesan. Il a fait quelques sujets d'histoire qui approchent beaucoup de ce maître. De Weerdt mourut à Cologne.

Cleef (*Henri* et *Martin*), deux frères nés à Anvers.

Henri étoit un excellent paysagiste, et qui a peint pour Franc Flore des fonds de paysage : il nous reste de lui des ruines d'après l'antique. *Martin*, son frère, élève de Franc Flore, peignoit des figures sur les paysages de *Henri*, et sur les tableaux de plusieurs paysagistes de son temps. L'un et l'autre étoient de l'Académie d'Anvers en 1533. Il paroît que Vasuri a confondu les noms de ces deux frères avec celui de *Martin Schoen*, puisqu'il les nomme tous deux *Martin d'Anvers*. Henri est né en 1520, et mourut en 1589. Les ouvrages de Henri sont : *Combat de Taureaux, à Rome, dans le palais Farnèse ; Vue d'un Promontoire de Campanie, Vue du Tombeau des trois Horaces, Vue du Lac d'Aricie, Paysage où l'on voit des gens qui font la cuisine dans un souterrain, Paysage où l'on voit deux hommes à table dans un souterrain, Vue du Pont de Ségovie*. Henri a gravé à l'eau-forte une partie de ses compositions pittoresques et vues des environs de Rome. Toutes ses pièces marquées *Henricus Clivensis fecit* portent son monogramme. Il fut reçu membre de l'Académie d'Anvers en 1555. Nous avons encore de lui une suite de paysages portant pour inscriptions : *Veneris Templum, Forum Æmilii, Templum Fortunæ, Caracter Tiburti, Corsa insula.* On a fait un recueil des diverses vues de cet artiste, sous le titre : *Henric. à Cleve Ruinarum ruriumque aliquot delineationes, executæ per Galleum,* trente-huit pièces *in-fol.*

Bol (*Hans-Jean*), né à Malines en 1534, mort à Amsterdam en 1593.

Jean Bol eut un talent particulier dans le genre du paysage, qu'il ornoit de figures et de sujets d'un fort bon goût. Van Mander loue beaucoup un de ses tableaux où l'on voyoit, du sein de la mer, s'élever un immense rocher, au sommet duquel on voyoit un vieux château, et couvert de mousses, de plantes rendues avec le plus grand art : les figures qui enrichissoient ce morceau étoient également satisfaisantes. Ses premiers ouvrages sont en détrempe ; dans la suite il en a fait à l'huile et à gouache qu'on estime. En petit, il a laissé plusieurs vues d'Amsterdam ; d'autres vues de villes et de bourgs, et quelques hivers. Henri Goltzius a gravé le portrait de Jean Bol ; et plusieurs graveurs du temps, tels que les Sadeler, les Galle, les Collaert, ont publié plusieurs pièces d'après ses tableaux et ses compositions.

VERHAEGT (*Tobie*), de la ville d'Anvers, né en 1566, mort en 1631, fut un des quatre grands peintres qui commencèrent le siècle brillant de la peinture en Flandre. Il a excellé dans le paysage. Ses compositions sont grandes, ingénieuses, pittoresques, et remplies d'harmonie. Rome admira ses ouvrages, le grand-duc de Florence honora l'artiste de sa protection spéciale, et l'Italie entière couronna son tableau représentant *la Tour de Babylone*, ouvrage immense dans ses détails. Corneille de Bie nous apprend que Verhaegt répéta trois fois ce même tableau. La ville de Lierre en conserve un ; les figures sont de Franck. Carle Van Mander rappelle cet artiste dans la vie d'Otto Venius ; mais il méritoit, pour son temps, plus d'éloges que ne lui en donne l'historien.

SOENS (*Hans*), élève de François Mostaert, excellent paysagiste. Soens peignoit en petit le paysage et la figure. Rome et quelques autres villes d'Italie possèdent ses ouvrages ; partout ailleurs ils sont rares.

GRIMMER (*Jacques*), élève de Kock et de Chrestien de Querburgh, reçu à l'Académie d'Anvers en 1546. Ses paysages offrent presque toujours des environs de la ville d'Anvers. Les fabriques sont bien étudiées, et les lointains sont vaporeux. On admire sa touche partout spirituelle.

AVERKAMP, maître peu connu, et un des plus anciens de l'école hollandoise. Il existe dans la curiosité des tableaux de lui, aussi remarquables par la naïveté de la touche que par la vérité des sites qu'il se plaisoit à imiter. On connoît de ce bon artiste, pour son temps, *une Vue de la Rivière du Texel prise par la gelée, et couverte de patineurs, hommes et femmes.*

GAAST (*Michel de*); il fut admis dans le corps des peintres, à Anvers, en 1558. Tous ses tableaux représentent des ruines de l'ancienne Rome, ornées de figures et d'animaux.

†KAYNOT (*Hans - Jean*), élève de Matthieu Kock, florissoit en 1520. On estimoit dans son temps ses paysages, dans le goût de Patenier. A la même époque florissoit un certain

†ROGIER (*Claes-Nicolas*), qui peignoit des paysages dans le même goût. Les ouvrages de l'un et de l'autre ont passé chez l'étranger; on n'en fait presque plus mention. Sur la même ligne nous plaçons

BOM (*Pierre*), reçu dans le corps des peintres, à Anvers, en 1560, et qui a passé pour un habile paysagiste en détrempe. Au même temps vivoit

DAELE (*Jean Van*), qui se signaloit en peignant des rochers avec une rare vérité, disent ses historiens.

LIERRE (*Joseph Van*), natif de Bruxelles, s'est fait remarquer par des compositions très ingénieuses pour les manufactures de tapisseries. Il préféroit la détrempe à l'huile, et il a exécuté, avec cette manière de peindre, des paysages qui ont été payés fort cher; mais entraîné par la réforme de Calvin, il quitta la peinture pour se faire prédicateur de la nouvelle secte à Swindrecht, où il est mort en 1583.

VALCKEMBURG OU VALKEMBURG (*Lucas* et *Martin*), natifs de Malines. Ces deux frères ont travaillé long-temps en société. Lucas excelloit dans le paysage, qu'il enrichissoit de figures; Martin faisoit seulement le paysage, et avec talent; l'un et l'autre ont fait beaucoup d'études aux environs d'Aix-la-Chapelle, le long de la Meuse, et à Liége, vers l'année 1566, époque où les Pays-Bas étoient agités par des troubles qui occasionnoient la dispersion des artistes. Lucas est mort à Lintz, en quittant le duc Matthieu, son protecteur; Martin mourut à Francfort, on ne sait en quelle année. On estime leurs productions.

Cooninxloo (*Gilles de*), né à Anvers en 1544, florissoit encore en 1604 : on le croit élève de Léonard Kroes, peintre d'histoire et de paysages, et de Gilles Mostaert.

Cooninxloo a été un des plus fameux paysagistes de son temps; ses ouvrages furent dispersés partout. Les marchands étrangers lui laissoient à peine le temps de satisfaire à l'empressement des curieux de sa patrie. Ses paysages, souvent ornés de figures et d'animaux par Martin Van Cleef, sont encore recherchés en Allemagne. L'artiste en a fait plusieurs pour l'empereur, qui doivent se trouver dans la Collection de Vienne. On en voyoit de très excellents dans les Collections de MM. *Claetz*, à Naerden; *Melchior Wyntgis*, à Middelbourg; *Abraham Demarei, Jean Ycket*, à Amsterdam; *Herman Pilgrim, Henri Van Os*, même ville.

Witte (*Cornille de*), frère de Pierre de Witte; il a commencé fort tard la peinture, et s'est appliqué au paysage étant au service de l'électeur de Bavière : son talent est oublié.

Torput (*Louis*), natif de Malines.

On ignore toutes les particularités de la vie de cet artiste, qui s'est expatrié de très bonne heure pour se rendre en Italie : il vivoit encore en 1604, à *Derviso*, près de Venise. Il a très bien composé le paysage, et tout-à-fait dans le

goût italien : sa couleur tient de l'école vénitienne. On conserve encore dans plusieurs Collections italiennes, des foires, des marchés, des
places publiques, avec figures et animaux par
Toeput, qui ne sont pas sans mérite.

Vadder (*Louis de*), natif de Bruxelles, fort
habile paysagiste. Il est sorti de son école de
bons élèves et des grands peintres, entre autres
Luc Achtschellings. Vadder composoit grande-
ment ; il savoit donner du mouvement aux
arbres, et baignoit ses sites de ruisseaux et de
rivières, pour avoir occasion de réfléchir les
masses dans les eaux.

Achtschellings (*Luc*), de l'école flamande,
mort en 1620, élève de Louis de Vadder.

Les paysages de cet artiste sont de toute rareté. Il a peint en société avec Gonzales Coques,
la Piété de Rodolphe, comte de Halsbourg. Cette
riche composition, qui fait honneur à Gonzales,
n'est pas moins honorable pour Achtschellings.
Le paysage n'y est qu'accessoire, mais il est
admirable, et du style le plus élevé. Aussi riche
d'invention que d'exécution, ce bon tableau est
indiqué, par M. de Burtin, dans la Collection
de M. le comte d'Appony, à Vienne.

Vroom (*Henri-Cornille*), né à Harlem en 1566,
élève de Cornille Henricksen son beau-père.

Son talent étoit de peindre les combats sur

ner, des paysages remplis d'isles, et ornés de château et de maisons de plaisance. Il a été employé, en Angleterre, par l'amiral Hauwart, qui fit exécuter en tapisserie six tableaux de marine, et *le fameux Combat naval de* 1588, *entre la flotte d'Espagne et la flotte d'Angleterre*. Ces pièces de tapisseries ont été exécutées par François Spirinxs, fort en réputation dans son temps. On a encore de Vroom *le Départ de la Flotte de Zélande*, et *le Combat proche la ville de Nieuport*. Vroom a fait graver ces deux morceaux, qui ont été acceptés par les états de Hollande, à qui il en fit présent.

ARTVELT (*André*), natif d'Anvers, s'est aussi distingué dans le genre de la marine : il florissoit vers 1580. On parle peu de lui aujourd'hui.

BAKERÉEL (*Guillaume* et *Gilles*), natifs d'Anvers : l'un est mort dans sa ville natale, l'autre à Rome. Ils ont peint le paysage en société : Guillaume ornoit de figures les paysages de son frère ; et cette famille a produit plusieurs artistes du même nom, qui tous ont eu des talents. Sandrart en a compté sept à huit en Italie.

WILLARTS (*Adam*), né à Anvers en 1577, mort à Utrecht : on ignore l'époque.

Ses petits paysages sont ordinairement baignés par des rivières chargées de barques et de

pêcheurs. Les figures sont spirituellement tou
chées. *Vue d'une Rivière*, *Vue d'une Marin*
(ancienne Collection du comte de Vence). Adan
Willarts avoit aussi la réputation d'être poète.

Vinckenbooms (*David*), né à Malines e
1578, élève de son père Philippes Vincken
booms.

Les petits tableaux de cet artiste représenten
des fêtes de village, des noces ; ses paysages son
assez dans la manière de Savery. Charles Brey
del et Rottenhamer les ont quelquefois orné
de figures. Le coloris de Vinckenbooms tien
encore de cette crudité de ton qu'on remarqu
sur les tableaux des paysagistes flamands qu
ont précédé les Asselyn et les Ruisdael ; il e
sans vapeur et peu harmonieux. On estim
comme un de ses plus beaux ouvrages, *un T*
rage de Loterie, effet de nuit éclairé par de
lanternes, sujet très abondant en figures (hôpi
tal des Vieux-Hommes, à Amsterdam : le ta
bleau a huit pieds de haut sur quatorze de long
Vinckenbooms a peint sur le verre, et a grave
son monogramme est *un Pinçon sur un arbre*
qui désigne son nom en flamand.

Wildens (*Jean*), natif d'Anvers, contem
porain, ami et collaborateur de Rubens.

Les paysages de Wildens réunissent au choi
de la belle nature, un coloris suave, léger

brillant. Rubens a dit de lui qu'aucun peintre n'entendoit mieux l'harmonie d'un tableau ; en effet, il eut pour l'accord des fonds, et l'harmonie générale, un sentiment particulier dont il a donné des preuves éclatantes sur les tableaux mêmes de son illustre apologiste. Nous avons des paysages de Wildens qui sont admirables, et qui prouvent encore son talent à peindre la figure : les plus célèbres sont à Anvers, dans l'église des religieuses appelées *Fackes ;* sur l'un, Langen Jean a peint *la Fuite en Égypte,* et on donne à Van Dyck, *le Repos de la Vierge,* qui orne l'autre : ces paysages sont magnifiques et inappréciables.

STALBENS (*Adrien*), né à Anvers en 1580, mort très âgé. Ses petits paysages ornés de jolies figures, ont été recherchés et payés fort cher par les Anglois : on trouve un de ses paysages indiqué dans la Collection du comte de Vence.

PINAS (*Jean* et *Jacques*), deux frères, natifs de Harlem, qui, en Italie, ont peint le paysage et la figure en société. Jean, plus habile, a peint des sujets puisés dans l'histoire : on cite *Joseph vendu par ses frères,* comme un de ses meilleurs tableaux ; sa couleur, un peu rembrunie, ne laissoit pas que de lui attirer des partisans ; la plus grande gloire de Jean de Pinas est d'être compté parmi les maîtres de Rembrandt.

Grebber (*Marie*), sœur de Pierre Grebber, eut une grande intelligence de l'architecture et de la perspective ; elle a fait quelques tableaux dans le goût de Paul de Vries ; et quelques paysages qui ont été très appréciés dans son temps.

Wudsaert, artiste désigné assez ordinairement comme un imitateur d'Albert Cuyp : *des Pâtres gardant leurs troupeaux*, l'un d'eux joue d'une espèce de musette, tandis que deux autres causent ensemble, et qu'un troisième dort profondément sur le gazon ; soleil couchant en été : bon tableau (Vente du cardinal Fesch, n° 78 du Catalogue, année 1816).

Wieringen (*Cornille*), natif de Harlem : grand peintre de marines pour son temps, et le rival de Henri Vroom, qu'il a égalé et quelquefois surpassé.

Tillemans (*Simon-Pierre*), surnommé *Schenk*, originaire de Brême : il a étudié le paysage en Italie, avec succès ; plus tard il s'est appliqué au portrait : dans l'un et l'autre genres ses ouvrages se soutiennent à côté des grands maîtres. Il a peint, en Autriche, *le Portrait de l'empereur Ferdinand :* sa fille a peint avec distinction le paysage et les fleurs. Tillemans vivoit encore en 1668.

EVERDINGEN (*César Van*), né à Alcmaer en 1606, mort en 1679, élève de Van Bronkhorst.

La ville d'Alcmaer possède plusieurs tableaux d'histoire de cet artiste, qui flattent beaucoup moins que ses paysages : on en trouve d'excellents dans les Collections étrangères, dans la Collection de Verschuuring : à La Haye, on y indique *un Paysage avec une chute d'eau;* dans celle de Bisschop, *un très bon Paysage avec figures.* César a eu deux frères, Albert Van Everdingen, placé dans notre tableau synoptique des analogies de Guillaume Van der Velden (tom. I, page 189), et Jean Van Everdingen, qui se trouve dans la quatrième division de ce volume.

EMELRAET, ami et contemporain de Meyssens, qui vivoit en 1630 : il a long-temps étudié à Rome; de retour en Flandre, sa patrie, il s'est fixé à Anvers, et a passé dans son temps pour un grand paysagiste : ses tableaux sont rares en petit; ce qu'il a fait de plus beau orne l'église des Carmes déchaussés, à Anvers. On y voit plusieurs grands paysages dont les figures sont faites par plusieurs artistes de mérite, et par Érasme Quellin, le père.

NEDECK (*Pierre*), natif d'Amsterdam, élève de Pierre Lastman, contemporain de Govaert Flinck : ses talents dans le paysage, fort vantés dans son temps, sont à peu près oubliés dans le nôtre.

Tombe (*N. la*), né à Amsterdam en 1616, mort en 1676, surnommé à Rome *le Boucheur*, par la bande académique, parce qu'à chaque instant il remplissoit sa pipe : ses paysages représentent des grottes, des ruines de l'ancienne Rome, des mines, des tombeaux, et sont ornés de figures touchées avec esprit. Rembrandt a dessiné et gravé le portrait du frère de notre artiste, qui étoit un grand amateur : cette pièce est connue sous le nom de *l'estampe à la Tombe*.

Waterloo (*Antoine*), né à Utrecht, ou à Amsterdam, selon d'autres. Ses paysages, riches de détails, pittoresques, remplis de goût et d'esprit, sont toujours recherchés. Weenix et autres peintres se plaisoient à enrichir de figures ses paysages. Waterloo a laissé beaucoup de dessins et il en a gravé plusieurs à l'eau-forte : dans le nombre il s'en trouve qui sont d'une exactitude parfaite, et qui rappellent les sites des environs d'Utrecht, dont il s'est peu écarté. Basan porte à plus de cent vingt, tant moyens que petits, les paysages sortis de sa pointe spirituelle.

Witte (*Pierre de*), né à Anvers en 1620 s'est fait remarquer par des paysages agréablement composés, spirituellement touchés, et

'une bonne couleur; on les a payés fort cher
e sont vivant : ils sont moins estimés de nos
urs.

ZEGERS (*Hercule*), contemporain de Paul
otter.

Samuel Van Hoogstraten semble avoir écrit
a vie de Zegers, pour nous faire le tableau des
ersécutions de l'intrigue, de l'injustice, de
envie, et des malheurs de l'artiste qui en fut la
ictime. Hoogstraten, pour nous donner une
lée du vaste génie de Zegers dans le paysage,
exprime ainsi :

« Ce peintre, dit-il, a composé des provinces
entières; on ne conçoit pas comment il a pu
imaginer des sites si grands, si riches, si variés, en plaines, en coteaux, en lointains immenses, en arbres de toute espèce; si hardis,
si heureux dans l'invention, les contrastes et
les oppositions de la lumière et des ombres :
et l'auteur de ces vastes conceptions languis-
soit dans l'indigence; son mérite fut dédaigné ».
Zegers entreprit de graver à l'eau-forte ; ses
uccès ne furent pas plus accueillis : il trouva
e secret d'imprimer des paysages sur toile, et
ette découverte, aussi ingénieuse que belle,
cette époque fut méprisée. Épuisé par tant
d'efforts inutiles, rebuté par l'injustice de ses
ivaux, le courage l'abandonna; il se livra au

vin avec tant d'excès, qu'enfin la mort termina
sa vie malheureuse, à la suite d'une chute dans
son escalier.

> . . . . *Diram qui contudit hydram,*
> *Notaque fatali portenta labore subegit,*
> *Comperit invidiam supremo fine domari.* (1)

Après sa mort, on vendit ses ouvrages en
peinture; on éleva des ateliers pour mettre en
pratique sa belle découverte, et on vendit jusqu'à seize ducats chaque épreuve des paysages
de sa composition, et gravés par lui.

Quelqu'un a dit : « La gloire va chercher
» l'homme de génie dans sa retraite laborieuse,
» et la reconnoissance publique est le noble prix
» de ses brillants et utiles travaux (2) ». Si quelque chose est pénible pour l'esprit humain, c'est
de prouver que les maximes les plus consolantes
sont rarement pratiquées. Le bon Louis XII,
d'heureuse mémoire, à qui rien n'échappoit
pour être juste, a dit au milieu des égoïstes qui
écartoient de son trône la balance de la justice,
les chevaux courent après les bénéfices, et les ânes
les attrapent, adage qui cesse d'être trivial dans
la bouche d'un grand roi, parce qu'il peint en

---

(1) Horace, Epit. à Aug., liv. II.
(2) Mélanges, Journ. du Com., 17 novembre 1817.

un seul trait, l'ignorance en faveur, et ses lâches intrigues pour étouffer le vrai mérite.

Eyck (*Gaspard Van*), natif d'Anvers : sa réputation dans le genre de la marine s'est conservé jusqu'à nous. Il s'est particulièrement attaché à peindre des combats sur mer, entre les Turcs et les Chrétiens : ses teintes sont vaporeuses, le feu et la fumée des canons contribuent à former d'heureux contrastes dans ses chocs maritimes. Dans la Collection du prince Charles, à Bruxelles, on conservoit *deux Ports de mer*, par Gaspard Van Eyck, qui attiroient l'attention des connoisseurs.

Borght (*Pierre Van der*), natif de Bruxelles : ses paysages sont répandus en Flandre; ils sont vus avec distinction; partout ailleurs ils sont rares.

Thys (*Gysbrecht*), natif d'Anvers : on a de cet artiste d'excellents paysages ornés de figures et d'animaux, qui rappellent les grands maîtres : un de ses meilleurs étoit dans la galerie du prince Charles, à Bruxelles. On vante encore ses talents dans le portrait; la ville de Bréda, et plusieurs villes de Hollande et de Flandre, en conservent que l'on compare à ceux de Van Dyck : les plus célèbres sont : *Jean Van Kessel* et *sa femme*, représentés jusqu'aux genoux.

Lingelbac (*Jean*), déjà rappelé dans notre

tableau synoptique des analogies de Guillaume
Van der Velden (1), a puisé à Rome les-ri-
chesses qui abondent dans ses ouvrages. Nous
avons de ce savant peintre, des ports de mer
d'Italie, ornés de figures expressives et variées;
des foires, des marchés publics d'Italie, des
sites ornés de ruines d'architecture régulière ;
de fontaines, de statues de bronze, de marbre
taché de la rouille des siècles; des arcs de
triomphe; des placés publiques remplies de jon-
gleurs, de charlatans, de marchands de fruits,
de légumes, de chevaux et d'autres animaux.
Ses figures, dans ses ports de mer, portent
chacune le costume et le caractère de sa nation.

Une Foire italienne (Coll. de Van Slingelandt,
conseiller à la cour de Hollande); *un Carnaval
italien* (Coll. de Van Slingelandt, bourgmestre
à La Haye); *un Marché aux chevaux, Ruines
de l'ancienne Rome*, avec figures dans le costume italien (Coll. de Lormier); *un Port de mer*,
garni de vaisseaux (Coll. de Van Heteren);
Départ pour la chasse (Coll. de Van Bremen),
*un Paysage où l'on voit un chariot chargé de
foin*, beaucoup de figures et de chevaux (Coll.
de Braamkamp, à Amsterdam); *un Port de mer
d'Italie, un Paysage* avec figures et animaux

----

(1) Tom. I, pag. 189.

(Coll. de Leender de Neufville), *un Marché d'Italie*, *l'Enlèvement des Sabines* (Coll. de Lubbeling); *un Marché d'Italie* où l'on voit un opérateur environné de la foule (Coll. de Bisschop, à Rotterdam); *l'Arrivée de la flotte hollandoise aux Dunes, une Marche de cavalerie* (Coll. de France).

BERESTRATEN, a composé des ports de mer ornés de monuments, où l'on voit beaucoup de navires et de barques avec des figures de la main de Lingelbac.

SCHOEVAERDTS (*M.*); *deux Vues des bords du Rhin* (Coll. de France).

VERBOOMS (*Abraham*), habile paysagiste, contemporain de Lingelbac; ses ouvrages sont recherchés : Le Brun estime un bon tableau de Verbooms 1,500 fr. Bon *Paysage mêlé d'arbres, de roches et de fabriques*, riche de plantes, bien étudié sur les premiers plans, avec de magnifiques lointains; figures de Lingelbac (Vente de Jean Constantin, n° 79 de son premier Catalogue, 18 mars, an 1816).

WORST (*Jean*), l'intime ami et le compagnon de Lingelbac dans ses voyages; il a peu peint, mais il a fait des dessins excellents, dans le goût de son ami, qui sont très recherchés par les curieux.

DRILLENBURG (*Villem - Guillaume*), né à Utrecht en 1625, élève d'Abraham Bloemaert, et maître d'Houbraken , lequel nous a donné quelques détails sur sa vie laborieuse. Ses paysages sont dans le goût de Jean Both , à l'égard du choix et de la touche ; quant à son coloris, il est plus systématique que vrai, et il a perdu encore avec le temps.

Kessel (*Jean Van*), né à Anvers en 1626, mort dans la même ville.

Nous avons déja cité cet artiste pour son association avec Jean Breughel, dit *de Velours* (1). La finesse de son exécution, la précision qu'il apportoit dans l'imitation des plantes , des fleurs, des reptiles, et en même temps l'espèce de crudité et de sécheresse qui règnent dans son coloris et sa touche, rappellent bien l'époque où l'accord et l'harmonie n'étoient pas encore perfectionnés dans les petits tableaux de cabinet. Cornille de Bie, Weyermans et Velasco font de lui un prodige : l'Espagnol le compare à Van Dyck, en citant les portraits qu'il a faits en Espagne. Nous sommes bien loin de partager cet enthousiasme qui est passé de mode, mais on vante et on paye encore assez cher ses tableaux, pour qu'il ne soit pas nécessaire d'exhumer de l'histoire des éloges convenables au temps, et ridicules à côté des progrès de l'art dont nos

---

(1) Tom. I, pag. 81.

modernes artistes françois offrent de si beaux exemples, surtout dans les tableaux de cabinet.

KESSEL (*Ferdinand Van*), fils du précédent, n'a point égalé son père, mais il l'a suivi de fort près.

OSSEMBÉECK (*N.*), né à Rotterdam : tous ses tableaux rappellent des sites de Rome et des environs de cette ville. Ses paysages ornés de figures, d'animaux, représentent des ruines de temples, et d'autres monuments antiques ; des grottes, des chutes d'eau, des cascades. Ses contemporains étoient dans l'usage de dire, en parlant d'Ossembeeck, qu'il avoit rapporté tout Rome dans son porte-feuille : l'abbé Delille a profité de cette pensée ; on la retrouve dans ses poésies. Ossembeeck a aussi imité, ou plutôt cherché la manière de Bamboche : on a de lui des foires, des manéges et autres sujets dans ce genre, qui lui ont donné l'occasion de peindre des animaux de diverses espèces, aussi bien dessinés que ses figures. Ses tableaux se reconnoissent aisément en ce qu'on y trouve toute la force du coloris des Italiens, et le beau fini des Flamands : il a gravé deux paysages assez rares, d'après *Salvator Rosa*, et diverses pièces d'après le *Tintoret*, le *Bassan*, le *Feti*, *Polydore de Venise* ; et Basan indique aussi plusieurs pièces pour le cabinet de Téniers.

KABEL. (*Adrien Van der*), né à Ryswick, près de La Haye, mort à Lyon en 1695.

Ce peintre a imité, pour ainsi dire, tous les maîtres, et a peint tous les genres. Le paysage orné de figures et d'animaux fut sa principale étude, et dans ce choix il cherchoit *Benedetto Castiglione*, *Salvator Rosa*. Weyermans avoue qu'il trompoit les plus fins connoisseurs. Quand il cherchoit le Carrache, il rembrunissoit son coloris, et s'approchoit du maître. Songeoit-il à Carle Du Jardin, il l'égaloit encore. J'ai vu des plages, des ports de mer de cet habile homme, qui peuvent aller de pair avec tout ce qu'on connoît de beau en peinture. Enfin, comme un protée dans l'art, il avoit le pouvoir de prendre tous les tons et toutes les physionomies ; cependant avec des yeux exercés et de l'étude on le reconnoît encore. Ses tableaux méritent d'être placés au rang de ceux des meilleurs artistes de sa nation. Il a laissé beaucoup de dessins qui sont estimés. On a aussi de lui quelques eaux-fortes ; trente-six pièces, dont six en hauteur, et deux grands paysages ; dans l'un *Saint Jérôme*, dans l'autre *Saint Bruno*. Un bon tableau de Van der Kabel peut être estimé depuis 1,000 fr. jusqu'à 6,000 fr.

DEHEUSCH (*Jacob*), savant paysagiste, qui a laissé des productions dignes de Swanevelt, et souvent très près de Both d'Italie, et si près, qu'on peut aisément s'y méprendre. Les ouvrages de Jacob Deheusch sont fort rares en France.

ULFT (*Jacques Van der*), né à Gorkum, vers 1627.

Ce peintre, sans avoir vu l'Italie, s'est appliqué toute sa vie à peindre les ruines de l'ancienne Rome et ses plus beaux monuments d'architecture, ce qui suppose qu'il copioit d'après des estampes, mais avec tant d'art, qu'on pense peu à ses larcins. Il savoit encore embellir ses tableaux de figures qui caractérisent, par le costume et la pantomime, différentes nations. On cite de Van der Ulft : *un Port de mer d'Italie, le Campement d'une armée, la Construction de l'Hôtel-de-Ville d'Amsterdam.* Dans la Collection de M. Blondel de Gagny il y avoit un très beau tableau de ce maître ; il offroit un riche fond d'architecture avec un grand nombre de figures en costumes de diverses nations. Son chef-d'œuvre étoit dans la Collection de M. Van der Linden Van Slingelandt, à Dort ; c'est *une Entrée triomphale dans Rome,* tableau capital, brillant, et d'une belle exécution, soignée et pleine d'art. Le Brun porte à 6,000 francs les tableaux de Jacques Van der Ulft.

SPIERINGS (*N.*), contemporain de Biset, savant peintre de paysages, grand observateur des espèces d'arbres et de plantes, et bon coloriste.

Son talent particulier étoit d'imiter d'autres savants peintres dans son genre, notamment Salvator Rosa et Roetaert. Il a fait plusieurs bons paysages, à Paris, par les ordres de Louis XIV. Anvers possède un beau paysage de Spierings, dans l'église des Carmes : la figure unique dont il est orné est peinte par Eyckens le père ; elle représente *Élie, à qui un corbeau apporte un pain.*

Post ou Poost (*François*), né à Harlem, mort dans la même ville en 1680, élève de son père Jean Post, peintre sur verre. Admis à la suite du prince Maurice, dans son voyage aux Indes en 1647, François Post rapporta des études de toutes ces contrées, et en fit des tableaux qui intéressent par la variété des espèces de plantes et d'arbres étrangers, et des lieux sauvages et inconnus dans nos climats. Outre le mérite du coloris et de l'exécution, les tableaux de cet artiste furent recherchés et appréciés comme de nouvelles conquêtes propres à enrichir les scènes du paysage. Il a gravé plusieurs planches d'après les études qu'il fit dans son voyage avec le prince Maurice, comte de Nassau : la plupart sont des vues du Brésil.

Ekels (*Jean*), se plaisoit à peindre des fa-

briques en briques de construction hollandoise,
où il règne une perspective régulière et de l'exactitude. Avec un peu plus de vapeur aérienne
et de variété dans ses teintes, souvent trop uni-
formes, on pourroit le placer au rang des imitateurs de Van der Heyden.

WILS (*Jean*), de l'école hollandoise, maître
de Berghem : artiste peu connu en France, et
qui mérite l'attention des connoisseurs.

Ses meilleurs ouvrages ont éprouvé le sort
des tableaux délicieux d'Augustin Tassi, de
Philippe Napolitain, qui n'ont de valeur dans
le commerce qu'en les attribuant à C. le Lorrain. Berghem, Asselyn, sont les noms célèbres
que l'on donne aux meilleures productions de
Jean Wils. J'ai déjà fait connoître les piéges de
la mauvaise foi à cet égard, et la confusion que
jette dans les idées ce manége honteux intro-
duit dans la curiosité par cette classe mépri-
sable dont je fais le portrait dans la première
division de mon Guide des Amateurs (1).

M. de Burtin donne la description d'un tableau
de Jean Wils qui fait partie de sa Collection (2);

----

(1) Pages 24, 25, 29, Guide des Amateurs, écoles
italiennes, etc.

(2) Traité des Conn. nécess. aux Amat. de Tabl.,
tom. II, pag. 355, n° 187.

c'est *l'Entrée d'une Forêt,* paysage orné de figures et d'animaux (1). Il se plaint amèrement de ce qu'on a effacé la signature du maître, qui étoit en toutes lettres sur le tableau, dans l'intention, sans doute, de l'attribuer à un nom plus célèbre.

Ryckx (*Nicolas*), né à Bruges, admis dans la Société des Peintres de cette ville en 1667, après avoir voyagé, parcouru une partie de l'Orient, et beaucoup étudié la ville de Jérusalem, ses environs, les mœurs et le costume des Orientaux. Ses paysages sont un peu dans la manière de Van der Kabel, toutefois plus vagues et plus clairs; ils se composent de vues de la Palestine, de caravanes, et d'une grande abondance de figures, de chameaux et de chevaux, dessinés et touchés avec beaucoup d'esprit.

Werdmuller (*Jean-Rodolf*), né à Zurich en 1639, mort en 1668, à l'âge de vingt-neuf ans, fils du célèbre amateur Georges Werdmuller, feld-capitaine, colonel des ingénieurs de l'électeur Palatin, et général d'artillerie (2).

---

(1) Il est indiqué avec ce titre : *Un clair et agréable Paysage au bord d'une forêt,* ce qui ne s'entend pas bien.

(2) La mort de Georges Werdmuller, arrivée en 1678, a dispersé sa magnifique Collection de tableaux et de curiosités dans tous les genres, tant anciens que

Jean Rodolf reçut les éléments de son art par Conrad Meyer et par de Morel. Ses progrès rapides donnoient les plus grandes espérances, lorsqu'il fut enlevé à la fleur de son âge par une fin tragique. Accidentellement précipité dans la rivière de Schil avec son cheval, au milieu de la nuit, il périt sans pouvoir obtenir le moindre secours de son domestique, qui entendoit ses cris sans le distinguer. Jean Rodolf s'étoit engagé dans la route périlleuse où il a trouvé la mort, en allant à la rencontre de son oncle Bernard Werdmuller, capitaine suisse au service de France, et qu'il n'avoit pas vu depuis long-temps.

Les dispositions qu'annonçoient le jeune Werdmuller sont manifestées dans les ouvrages qui suivent : *Plusieurs Paysages d'après nature,* ornés de débris d'architecture, de rochers et de chutes d'eau; *nombre de Portraits et de Tableaux de fruits, de Vues exactes, et des Esquisses de batailles.* Au nombre de ses ouvrages remarquables on cite *le Sac de Zurich, la Vue du*

---

modernes. Il fut regardé, dans son temps, comme le protecteur et le père des artistes. C'est sous les auspices de ce célèbre amateur que s'est formé le savant paysagiste *Jean Hackert,* Hollandois, dont la ville de Zurich conserve les ouvrages avec le plus grand soin.

(180)

vieux Château, et plusieurs bons portraits indiqués chez le bailli *Lovater*, à Zurich.

Withoos (*Matthieu*), né à Amsterdam en 1627, mort à Hoorn en 1703.

En 1648 il étoit à Rome, et se fixa à son retour dans la Nort-Hollande. Le paysage fut son principal talent; il s'est attaché avec beaucoup de scrupule à l'étude des plantes, et à rendre avec vérité et précision la nature de chaque espèce. Ses ouvrages sont remarquables par la finesse du pinceau et le grand fini. On lui payoit 500, 600 et 700, jusqu'à 800 florins pour un tableau de chevalet; le prix en a beaucoup diminué depuis, surtout en France. Son coloris est quelquefois un peu cru. M. de Moor, bourgmestre de Hoorn, possédoit ses meilleurs ouvrages dans le dernier siècle. *Vue des environs d'Amsterdam :* une digue, sur laquelle on voit deux moulins, traverse le tableau; en avant des vaisseaux et des barques; le premier plan est garni de filets et de différents poissons de mer. *Vue d'un cimetière où croissent différentes plantes parmi des tombeaux :* le seul être censé vivant qui soit dans ce lieu, est un paon couché près d'une tombe; ce qui semble exprimer que là vient s'abaisser l'orgueil (Vente du cardinal Fesch, n° 77 du Catal., 17 juin 1816).

Wostermans (*Jean*), né à Bommel, élève de Herman Zacht Leeven, fils d'un peintre de portraits qui lui laissa une grande fortune, dont il tira une sorte de vanité, jusqu'à prendre en France le titre de baron, et un faste extérieur qui le réduisit bientôt aux expédients.

Gérard Hoet, qui a connu cet artiste, assure qu'il a surpassé son maître ; jugement qui n'est pas sans réplique. Les tableaux de Wostermans offrent ordinairement les environs d'Utrecht et les bords du Rhin ; ils sont faits facilement, d'une couleur vraie, mais il s'en faut de beaucoup qu'ils nuisent aux productions de Zacht Leeven. Ses meilleurs tableaux sont rares, et le deviendront peut-être encore davantage par la cupidité de la mauvaise foi qui s'exerce à en faire usage pour grossir l'œuvre du maître, dans l'intention d'en tirer un plus haut prix. Wostermans a passé pour un très grand connoisseur en peinture. Le marquis de Béthune avoit la plus grande confiance dans ses lumières, et en profita lorsque, en 1672, l'armée françoise s'empara de Nimègue. Dans la Collection Bisschop, à Rotterdam, on y voyoit *deux Vues du Rhin* par cet artiste, qui ont été vendues très cher.

Méer (*Jean Van der*), dit *de Delft*, né à Schonove, et selon d'autres, à Harlem, en 1628, mort dans cette dernière ville en 1691, élève de Jean Broers et de Berghem.

De très bonne heure il visita l'Italie, où il s'est perfectionné. De retour dans sa patrie il épousa une jeune veuve fort riche, qui le rendit maître d'une manufacture de blanc de plomb fort accréditée. Le fléau de la guerre, en 1672, le ruina de fond en comble : sa riche manufacture fut pillée et brûlée ; il ne lui restoit pour dernière ressource qu'un tableau de Jean-David de Heem, qu'il avoit payé à l'auteur 2,000 florins, et qu'il eut le bonheur de vendre fort cher au prince d'Orange Guillaume III, depuis roi d'Angleterre.

Les tableaux de Van der Meer sont estimés. L'habitude qu'il avoit acquise de dessiner le paysage et la marine le fit réussir également dans les deux genres. Ses marines embrassent les plus grandes connoissances de la manœuvre des vaisseaux et de leurs agrès ; ses paysages, d'une belle couleur, caractérisent des sites d'Italie ; ils sont riches, pittoresques, et remplis de figures et d'animaux dessinés avec goût. On lui reproche d'avoir trop employé le bleu dans les zones aériennes. Van der Meer a peint avec le même succès des intérieurs qu'on admire avec raison. Nous avons vu un tableau de ce genre dans la Collection de M. de La Perriere (1); il représente *une jeune Femme occupée à faire de la dentelle*, entourée de divers accessoires convenables à son travail : il a été adjugé 501 fr. (n° 3 du Catalogue). Ses tableaux sont de toute rareté et très recherchés. Le Brun estime six mille francs un tableau de ce maître, bien conservé. Basan, dans son Dictionnaire des Graveurs, indique *quatre petits Paysages avec des moutons*, gravés par Van der Meer : pièces très rares.

WINSELHOEVEN, élève de Huymans de Malines, dont il a imité la manière avec une intelligence qui le distingue des imitateurs ordinaires. Quelques-uns de ses paysages grossissent l'œuvre de son maître.

MEYER (*Félix*), né à Winterthur en 1653, mort en 1713, au château de Weiden en Suisse, élève de François Ermels, bon paysagiste.

Les paysages de Meyer montrent une grande étude de la nature; ils se soutiennent à côté des plus habiles paysagistes, mais l'artiste est très inégal, et quelquefois trop expéditif. Les figures qui ornent ses tableaux sont de mauvais goût lorsqu'elles sont de sa main. Meyer a décoré de paysages la fameuse abbaye de Saint-Florian

---

(1) *Voy*. la Balance du Commerce, tom. I, p. xxxv.

en Autriche, et quelques monuments publics
de la ville de Genève. Ses meilleurs ouvrages
sout ceux qui ont été ornés de figures par Roos
ou Rugendas. Il a gravé plusieurs paysages mêlés de ruines.

MEYERING, Basan écrit MEYRING (*Albert*),
né à Amsterdam en 1645, mort en 1714, élève
de son père Frédéric Meyering.

Après avoir voyagé à Rome et à Paris, il
revint en Hollande, où il a été constamment
occupé à la décoration des maisons royales. On
estime ses paysages; la plupart représentent des
vues de châteaux, des bosquets, ornés de beaucoup de figures : ses tableaux sont plus communs en Italie qu'ailleurs.

Il a peint, en société avec son ami Glauber,
pour Marie reine d'Angleterre, les tableaux qui
décorent la salle à manger du château de Soest-
dyck. M. Marie, secrétaire du roi, à Rome,
dans le siècle dernier, possédoit deux beaux
paysages de Meyering; l'un au soleil levant,
l'autre au soleil couchant : Basan dit qu'il a
gravé quelques eaux-fortes.

BUNNIK (*Jean Van*), né à Utrecht en 1654,
mort dans la plus grande médiocrité en 1727,
élève d'Herman Zacht Leeven.

Carlo Maratti le prit en amitié pendant son
séjour en Italie, ainsi que Tempeste, Genoels,

erdinand Voet, Gilles Weenix, Van der Kabel, et P. Van Bloemen, qui tous ont rendu un bon témoignage de ses talents, soit en les employant, soit en les applaudissant. Il a laissé beaucoup de tableaux à Naples et à Turin. Guillaume III, roi d'Angleterre, a employé Bunnik pour la décoration du château de Loo ; il y a fait des paysages admirables. On estimoit également les tableaux qu'il fit pour le comte Albemarle, à Voozrst, et pour M. Van Odyk, à la maison de Zeyst.

CALL (*Jean Van*), né à Nimègue en 1655, mort à La Haye en 1703.

Artiste qui a voyagé en Suisse, en Italie et en Allemagne, pour y faire une abondante moisson d'études, qui lui ont acquis la réputation de grand dessinateur : ses dessins au crayon et à l'encre de la Chine ont été achetés très cher par les amateurs du temps. L'amateur Van Slingelandt, bourgmestre à La Haye, en possédoit une grande partie. Van Call en a gravé plusieurs à l'eau-forte.

SLUYS (*Jacques Van der*), considéré comme un des beaux rejetons de l'école de Gérard Douw, élève de Pierre Van Slingelandt (*voyez* tom. I, page 65), et de Ary de Voys.

Sluys a suivi très exactement la manière de ses maîtres ; il a peint des intérieurs, des scènes aux croisées, dans le goût de Gérard Douw, et quelques figures isolées, à mi-corps, qui rappellent pour le coloris et la fraîcheur Ary de Voys.

Piémont (*Nicolas*), né à Amsterdam en 1659, mort en 1709, élève de Nicolas Molenaer.

Ce bon paysagiste est peu connu dans sa patrie, ayant long-temps séjourné en Italie, où presque tous ses travaux sont dispersés.

Uromans (*N.*), né en 1660.

Ce peintre se plaisoit à imiter les êtres les plus repoussants de la nature, des ronces, des épines, qu'il mêloit de grenouilles, de souris, de chenilles, d'araignées, de nids d'oiseaux, de couleuvres, de serpents, de coléoptères et de zoophytes ; il a excellé dans ce genre d'imitation, et fut surnommé par ses compatriotes, *le Peintre des serpents*.

Beich (*Joachim-François*), né à Ravensbourg en Souabe, en 1665, mort à Munich en 1748.

Beich s'expatria pendant la guerre de la succession d'Espagne, et parcourut l'Italie : il s'appliqua à étudier les paysages de Salvator et de Guaspre, et fit des tableaux qui furent applaudis par les Romains ; Solimène en a copié plusieurs. Beich a changé environ trois fois de manière : dans la première il est rembruni ; dans la seconde et la meilleure, il est aérien, piquant et frai ; ses derniers ouvrages, trop clairs, sont peu harmonieux et foibles ; ses paysages sont pittoresques, riches, largement massés, et savamment touchés ; ses figures sont peu faites, mais d'un très bon goût. On voyoit un de ses tableaux à Schleisden, en Bavière, de vingt-quatre pieds de large, dont les figures épisodiques représentent une bataille : les quatre plus beaux paysages de Beich se voyoient autrefois dans la Collection du comte d'Hagedorn ; dans l'un, on remarque *Tobie avec l'Ange.* Il a gravé plusieurs paysages de sa composition.

FAISTENBERGER (*Antoine*), né en 1678 ou en 1680, mort à Vienne en 1720 ou 1722, élève de Bourisch, peintre de Saltzbourg.

Ses paysages, bien composés, offrent des sites dans le goût de Glauber et du Guaspre ; il a imité ce dernier quelquefois jusqu'à s'y méprendre. Jean Graal et le vieux Bredael lui ont fait des figures. On rencontre des paysages de Faistenberger dans la galerie de Vienne, dans celle de Weimar, et dans quelques Collections du premier ordre en Allemagne.

FAISTENBERGER (*Joseph*), frère du précédent et son élève : il a suivi le même goût ; on ignore l'année de sa mort.

SAENREDAM (*Pierre-Jean*), artiste dont les tableaux sont très rares. Nous avons de lui *une*

Vue de l'Hôtel-de-Ville de Harlem, enrich
d'un grand nombre de figures qui composen
l'entrée du prince Maurice dans cette vil
(Vente de feu Constantin, n° 296 de son Cata
logue). On ignore la naissance et la mort d
cet artiste distingué.

Diesen (*H. F.*) : ses paysages sont assez souvent meublés de masures bâties en briques
d'une exécution précieuse ; ses sites ornés d
figures, sont remplis de riches détails, mai
son coloris n'est pas d'une bonne qualité.

Decker (*Cornille*), né en 1637, mort er
1680, école hollandoise.

Savant paysagiste, dont les tableaux son
toujours ornés de figures par d'autres artistes
et quelques-uns par Adrien Van Ostade. Le
Brun estime les bons tableaux de cet artiste
2,400 liv.

Zeeman, excellent artiste de marine, qui a
souvent approché de la finesse de Guillaume
Van den Velden, Bakhuysen ; et dans ses paysages, de Both et quelquefois de C. Le Lorrain
dont il se plaisoit à retracer le choix et le coloris avec un talent particulier. *Vue d'un Por*
de mer ; sur le devant, au pied d'un édifice orné de pilastres, sont réunis différents personnages qui ont à côté d'eux des malles et de
ballots ; plus loin des vaisseaux amarés dans l

et, les autres en pleine mer ; bon tableau (vente du cardinal Fesch, n° 80 du Catalogue, année 1816).

Schellinks (*Willem - Guillaume*), mort en 1678.

Ses tableaux sont en petit, très finis ; son coloris, son choix et la disposition de ses sites rappellent Jean Lingelbac ; il a cherché quelquefois la touche ferme de Karel du Jardin. Schellinks a voyagé en Italie, en Suisse, en Angleterre et en France : à Londres, ses ouvrages ont été très estimés ; il a peint dans cette ville *l'Embarquement de Charles II, roi d'Angleterre.*

Molenaer (*Klaas* ou *Class*), fut un des plus habiles peintres de son école pour l'imitation des glaces et des neiges. Ses hivers sont d'une vérité frappante : ils offrent ordinairement des canaux glacés, couverts de patineurs, qui, tous, agissent en sens divers, et produisent cette variété qui plaît et qui fait l'amusement de la rigoureuse saison.

Mans (*François*), a composé des hivers dans le goût du précédent, et quelquefois il l'a surpassé. Il a peint aussi des canaux glacés, couverts de patineurs et de traîneaux, bordés de fabriques et de vieilles forteresses ; ses meilleurs tableaux font illusion. Nous avons aussi des

hivers fort estimés, par *Daniel Van Heil, Guillaume Bauer, Arnould Van der Neer* le père,
Van der Neer le fils, *et d'Isaac Ostade*.

WEIROTTER (*François-Edmont*), né à Ins-
pruck en 1730, mort à Vienne en Autriche,
professeur de l'Académie, en 1773.

On a de cet artiste beaucoup de vues des
bords de la Meuse et des vastes pays à travers
lesquels serpente cette rivière. A son retour
d'Italie, il vint à Paris; et pendant le long séjour qu'il fit dans cette ville, il a gravé à l'eau-
forte un très grand nombre de paysages de son
invention, dans lesquels on trouve une pointe
fine, spirituelle, légère, de jolies fabriques, des
solitudes où règnent l'abandon et les grâces du
pittoresque.

WAGNER (*Jean-George*), né à Dresde, mort
en 1768, élève de Ch. W. Ern. Dietrich.

Ses paysages se composent des rivages de la
Meuse, de scènes pastorales et de vues maritimes. Les gouaches de Wagner ont été très
estimées; elles sont encore, ainsi que ses dessins, fort recherchées par les curieux.

BRAND (*Frédéric-Auguste*), né à Vienne en
Autriche, élève de Troger : il a peint le paysage avec talent. Il se plaisoit à représenter des
effets de nuit. Basan indique quelques petits
paysages de sa composition dans cet effet, qu'il

gravés à la manière noire. Son frère *J.-Ch. Brand*, et leur père *Ch.-Hil. Brand*, ont peint dans le même goût : on trouve des ouvrages de *Frédéric* avec sa signature et la date où il les a faits.

DUNKER (*Baltazar-Antoine*), né à Solre, près de Stralsund, en 1746, élève de Jacques P. Hackert et de N. Hallé.

Il a peint le paysage avec ruines et animaux, à l'huile, à la gouache et lavé; il a aussi gravé plusieurs pièces qui sont dans le volume du cabinet du duc de Choiseul.

MAY (*Olivier le*), né à Valenciennes en 1735, mort à Paris en 1797, élève de Jacques Philippe Loutherbourg.

Beaucoup de vues d'Italie, de Rome et de ses environs; paysages, scènes pastorales; dessinés, lavés, et à la gouache.

GESSNER (*Salomon*), né à Zurich en 1734, mort dans la même ville en 1788.

Auteur de *la Mort d'Abel* et autres poésies ; ses paysages dessinés, lavés, ou à la gouache, sont remplis de goût, d'esprit et de fraîcheur. Il a fait aussi une multitude de jolies gravures d'après ses dessins, et surtout en paysages.

TROISIÈME DIVISION.

SCÈNES FAMILIÈRES, GROTESQUES, BAMBO-CHADES.

COIGNET (*Gilles*), natif d'Anvers, admis dans la Société des Peintres de cette ville, en 1561.

Dans la ville de Terni, entre Rome et Lorette, il existe encore une galerie peinte en grotesque par cet artiste : il peignoit avec facilité tous les genres ; ses paysages lui ont acquis de la réputation, et plus encore les petits sujets qu'il se plaisoit à composer, éclairés à la lueur du flambleau ou au clair de lune. Coignet a quelquefois employé *Cornille Molenaer*, surnommé *le Louche*, pour peindre ses fonds de paysages ou d'architecture.

SMYTERS (*Anne*), mère de Lucas de Heere, l'élève de Franc Flore dont il est parlé dans la division des peintres d'histoire. Le talent particulier d'Anne Smyters étoit de peindre en miniature des sujets de la plus petite dimension. Van Mander donne la description d'un de ses petits morceaux qui faisoit l'admiration de tous les amateurs de son temps, par l'exactitude que l'on trouvoit dans toutes les figures qu'on pouvoit masquer avec un grain de blé.

LAENEN (*Christophe Jean Van der*), florissoit dans le commencement du dix-septième siècle. Il a laissé des sujets galants, des assemblées, des tabagies où l'amour et le vin dominent ; sa touche est fine et spirituelle.

TILBURG (*Ægidius Van*), natif d'Anvers, contemporain du précédent ; ses tableaux se composent de foires et de fêtes de village : on en cite bien peu aujourd'hui.

PIETERS (*Guérard*), né à Amsterdam, élève de Cornille Cornelissen. Il a séjourné long-temps à Rome : Van Mander fait un grand éloge de ce peintre, qui composoit des assemblées et des sujets de conversation avec une grande intelligence et beaucoup de vérité. *Pierre Lastman*, Hollandois, et Govarts, bon paysagiste, ont été ses élèves.

MONNINX, né à Bois-le-Duc en 1606, mort en 1686.

Sa manière approche de celle de Guérard Pieters, à l'égard du choix des sujets et de l'exécution. Le pape Paul V le prit à son service en qualité de son peintre. Ses petits tableaux de conversations ont été estimés et payés fort cher en Italie ; ils sont très rares en Flandre.

STOOP, contemporain de Van Hagen.

On a des tableaux de cet artiste dans le goût de Van Bloemen et Michel Carré, où règnent un bon coloris, une touche spirituelle, et une grande intelligence du clair-obscur. *Des Chasseurs, l'un à pied et retroussant ses bottines, les autres à cheval et précédés par des piqueurs :* le paysage est de Van Hagen ; *un Chasseur poursuivant un lièvre à travers champs, et un Paysan causant avec une femme qui file sa quenouille,* paysage par Hagen. (Vente du cardinal Fesch, n°ˢ 71 et 72 du Catal., année 1816.)

PALAMEDES (*Stevens*), né à Londres en 1607, mort en 1638.

Les Hollandois ont réclamé ce peintre, qui ne leur appartient pas. Il a peint des batailles, des campements, des marches de troupes, quelquefois il a imité les tableaux d'Isaïe Van den Velde, et plus souvent encore il s'est appliqué à imiter des vases, des coupes de porphyre, de jaspe, d'agate, et d'autres pierres précieuses. Il eut un frère aîné portant le même nom, qui fut reçu membre de la Société des Peintres à Delft en 1636. On a de ce dernier des cercles de salon, des concerts, des conversations, des corps-de-garde, et autres scènes familières. Ses tableaux soignés, spirituellement touchés et d'une bonne couleur, sont très appréciés quand ils sont d'une belle conservation ; ils ont cependant beaucoup baissé dans le commerce, surtout depuis que quelques artistes modernes en

France s'exercent dans ce genre avec des succès qui étonnent. *L'Enfant prodigue, une Réunion de Soldats dans un corps-de-garde, et occupés à jouer aux cartes* (Coll. de feu Constantin, n°s 263 et 264 de son Catalogue).

HELMBREKER (*Théodore*), né à Harlem en 1624, mort à Rome en 1694, élève de Pierre Grebber.

Son goût et son choix sont très variés : sa manière tient de plusieurs maîtres; Bamboche paroît cependant avoir fixé davantage son attention. Il a fait des paysages et des sujets de genre, des sujets tirés de l'histoire; mais il réussissoit beaucoup mieux en petit. On peut faire la comparaison de ces derniers avec ceux qu'il a faits à Naples, à Florence, et ceux qui sont répandus dans toutes les Collections. La plupart représentent des danses, des foires, des marchés, des théâtres de charlatans.

Passons en revue les différentes divisions de la peinture que cet habile homme a traitées avec plus ou moins de succès, mais toujours avec des talents remarquables : *la Tentation de Notre-Seigneur dans le désert*, fond de paysage admirable (ancienne église des Jésuites, à Rome); *la Vierge en contemplation devant son fils* (sacristie *Della Pace*), *Saint Julien pleurant son crime* (à Saint-Julien des Flamands), *la Prière au jardin des Olives*, *un Portement de croix*, *le Crucifiement* (réfectoire des anciens Jésuites, à Naples); *les quatre Saisons*, *la Nativité*, *l'Adoration des Rois* (à Florence). Quelque mérite qu'on accorde à tous ces tableaux d'histoire, ils sont cependant inférieurs aux sujets ci-après, dans lesquels cet artiste paroît plus original et plus vrai, et enfin plus convenablement placé dans cette division que dans celle de l'histoire.

Des Bohémiens et des Buveurs, *le Maître d'école au milieu de neuf enfants*, *et sur le point d'en châtier un qui est à ses genoux* (à Florence); *une Conversation de Dames et de Paysans aux environs de Frescati*, *Danse d'un Paysan et d'une Paysanne* (Coll. de Dusseldorf), *un Marché à l'italienne*, *un Théâtre de Charlatan* (anc. Coll. du marquis de Lassay, à Paris). Les deux chefs-d'œuvre d'Helmbreker ornoient autrefois les Collections de Pierre Klock, à Amsterdam, et de Vandenberg, échevin de la ville de Gand; le premier représente *un Couvent à l'italienne*, auprès duquel sont rassemblés une grande quantité d'hommes, de femmes, d'enfants, de pèlerins, à qui un religieux franciscain distribue de la soupe; le second représente *un vaste Marché à l'italienne*, rempli de figures très variées dans les actions, bien groupées, bien dessinées, et d'une belle couleur.

Hont (*de*) : scènes familières, grotesques bambochades, sont les sujets dont s'est occupé cet artiste, avec des succès qui le rapprochent quelquefois de David Téniers, son maître. *Des Hommes jouant aux cartes, près de la porte d'un cabaret champêtre* (Coll. du cardinal Fesch, n° 61 de son Catalogue).

Pierson (*Christophe*), né à La Haye en 1631, mort en 1714.

Il a peint le portrait avec distinction ; mais les tableaux qu'il a faits dans sa dernière manière sont bien supérieurs, et dans le goût de Leemans : ce sont des attributs de chasse bien groupés, bien coloriés, d'un grand effet, et qui développent des talents propres à traiter des sujets d'une plus haute importance.

Rozée (mademoiselle), née en 1632, morte célibataire en 1682.

Weyermans parle d'elle avec éloge. Son talent particulier étoit d'imiter, avec des soies de différentes couleurs, toutes les nuances d'un tableau peint à l'huile, et de traiter avec ce procédé le portrait, le paysage et l'architecture. Michel Carré, dont le témoignage ne doit point être suspect, dit qu'il a vu un portrait exécuté de cette manière par mademoiselle Rozée, qui étoit d'une ressemblance parfaite et très bien colorié. Weyermans nous dit qu'un de ses tableaux a été vendu 5oo florins, et cite un paysage où l'on voyoit un vieux tronc d'arbre chargé de mousse et de feuillage, au sommet duquel on distinguoit une araignée dans le nid pratiqué dans sa toile. Le fond de ce tableau, ajoute-t-il, ne laisse rien à désirer pour le coloris et la vérité. Le grand-duc de Toscane acheta fort cher un tableau de la demoiselle Rozée, pour être placé dans sa Collection, où il est encore conservé comme un chef-d'œuvre inappréciable.

BISET (*Charles Emmanuel*), né à Malines en 1633, nommé directeur de l'Académie d'Anvers en 1674, avec le titre de peintre du comte de Monterg, gouverneur des Pays-Bas.

Ses tableaux représentent des bals, des assemblées galantes, des jeux, des toilettes et des concerts; ils sont riches de composition et d'une assez belle exécution; mais sa couleur est grise, et en général ses tableaux sont peu estimés aujourd'hui : le plus considérable est à Anvers, dans la salle de la confrérie des Arquebusiers; il représente *Guillaume Tell;* dans l'instant où il a préparé son arc pour abattre d'un coup de flèche une pomme posée sur la tête de son fils. Le fond, d'une assez bonne architecture, est peint par *Herderbergis,* et le paysage est d'*Emelraet.*

(199)

SCHENDEL (*Bernard*), natif de Harlem, cité comme un bon professeur pour l'enseignement, et pour avoir fait d'excellents élèves.

On a de lui, en Hollande, *une Fête bachique*, qui donne une idée de sa précision dans le dessin, et de son intelligence dans le coloris.

SPALTHOF, artiste qui a fait trois fois le voyage de Rome. Ses tableaux, qui représentent ordinairement des marchés de Flandre et des places publiques, ont été estimés des Romains.

BLOEMEN (*Norbert Van*), né à Anvers en 1672, frère de François et de Pierre Van Bloemen.

Les succès de ses deux frères, à Rome, l'attirèrent dans cette capitale; il ne s'éleva cependant jamais au-dessus des mœurs de la vie privée dans ses compositions, et il auroit eu lui-même des succès plus prolongés dans l'avenir, s'il avoit été plus harmonieux dans son coloris.

BOSCH (*Balthazar Van den*), né à Anvers en 1675, mort en 1715, élève de Thomas.

Le duc de Marlborough a commencé la fortune de Van den Bosch: son portrait à cheval fut regardé comme un chef-d'œuvre de l'artiste. Bientôt après, tous les amateurs s'empressèrent d'obtenir ses ouvrages; ils se composent ordinairement d'ateliers de peintres, de sculpteurs,

remplis de bustes, de figures en marbre, en
bronze, en plâtre, en terre cuite, et autres
accessoires convenables aux sujets ; de figures
dans le costume du temps, galamment vêtues,
tantôt dans un cabinet de tableaux, ou disposées à prendre séance dans l'atelier du peintre.
Ses ouvrages dans ce genre, qu'on estimoit être
les plus précieux, étoient autrefois dans le cabinet de M. Lucas Schamps, à Gand. L'un représente *le Cabinet d'un Peintre*, orné de tableaux
et de figures de ronde-bosse : l'artiste travaille
devant son chevalet ; un élève montre un tableau de fleurs à un jeune seigneur qui accom-
pagne une jolie personne, un petit domestique
nègre lui porte sa queue. Le pendant est *l'Atelier d'un Sculpteur*, lequel travaille à perfectionner une figure de marbre ; de jeunes élèves
dessinent d'après la bosse. Le plus bel ouvrage
de ce maître orne la salle de la confrérie de
l'Arbalètre, à Anvers ; ce sont *tous les chefs de
cette Compagnie* qui vivoient alors : l'architecture est de Vestraeten ; et le fond, ciel, horizon, etc., de Huysmans de Malines. Dans l'ancienne Collection du comte de Vence on voyoit
de Bosch, *un Sculpteur qui corrige ses élèves*.
Les tableaux de cet artiste ont eu une vogue
prodigieuse : on les a payés des prix fous ; ils
s'élèvent cependant bien peu au-dessus du mé-

diocre; mais l'engouement en est passé depuis long-temps. Dans le choix on peut cependant encore en trouver quelques-uns dignes d'être placés en Collection.

BREYDEL (*François*), né à Anvers en 1679, mort dans la même ville en 1750, frère de Charles Breydel, dit *le Chevalier*.

. François a peint des assemblées, des bals, des fêtes et carnavals. Ses tableaux sont jolis, et frais de coloris; ils ont été recherchés par les cours de Cassel, de Londres, et répandus dans plusieurs villes d'Allemagne. Deux tableaux pendants, *Fêtes et Mascarades* (cabinet de Van Schorel de Wilryck, bourgmestre d'Anvers); *Portraits de tous les Doyens des confrères de Saint-Sébastien* (à Anvers), *Portraits*, *Tableau de Famille*, *Gibier de toutes les espèces*, *une Partie de Chasse* (Coll. de Van der Linden Van Slingelandt). Maître fort peu estimé aujourd'hui.

VOYS (*Ary* ou *Adrien de*), né à Leyde en 1641, élève de Knupfer et d'Adrien Van den Tempel.

Artiste recommandable par un goût épuré dans le dessin, une grande fraîcheur dans le coloris, une touche large, spirituelle, soignée et du plus précieux fini. Ses œuvres admirables surpassent tous les éloges que nous pourrions en faire. *Un Peintre à mi-corps debout devant un chevalet.* On met en question si ce portrait est celui d'Adam Pynacker, ou d'Ary de Voys, qui se seroit peint lui-même. *Un Chasseur assis, se reposant au pied d'un arbre; le Portrait d'un négociant dans son cabinet, assis à son bureau* (Collection de France); *la Bergère et la Rose, la Buveuse hollandoise* (Coll. de M. de Burtin, à Bruxelles); *un Chasseur tenant un verre de vin, assis près d'une table, accompagné d'un homme qui allume sa pipe; plus loin, une servante se dispose à sortir de l'appartement* (Vente de feu Constantin, n° 321 de son Catalogue). Les tableaux de cet artiste, d'une bonne qualité et de son meilleur faire, sont inappréciables; Le Brun les estime 6,000 fr. Ils peuvent s'élever, avec la condition que j'indique, de 8,000 à 10,000 fr., et peut-être le double quand ils seront plus rares.

PAPE (*de*), école de Gérard Douw.

On a des intérieurs de cet artiste qui sont dignes de l'école où il a fortifié les talents qu'il avoit reçus de la nature pour être son interprète sur la toile. Il n'est sorti de son pinceau que des imitations d'une grande vérité. *Intérieur hollandois*, où l'on voit un homme et une femme auprès d'une cheminée; l'homme fume, et la femme porte à sa bouche un pot à bière : nombre.d'accessoires ornent ce tableau (Coll. de feu Constantin, n° 265 de son Catalogue).

Hooge (*Romyn de*), né à La Haye en 1620, dessinateur hollandois.

Son œuvre considérable prouve une imagination féconde, riche, mais peu réglée. Ses contours sont roulés, boursoufflés à la manière des Goltzius. L'estime qu'on fait de ses ouvrages émane moins du goût que de la manie. Il a laissé quelques compositions sur les affaires de son temps. *L'Entrée de Louis XIV dans Dunkerque, le Massacre des deux frères de Wit, pensionnaires de Hollande; le Pillage de Bodegrave par l'armée françoise, l'an* 1672; *Charles II, roi d'Espagne, descend de son carrosse pour rendre hommage au Saint-Sacrement, et pour y faire entrer le prêtre qui le porte; la Foire d'Arnhein, la Synagogue des Juifs portugais* (à Amsterdam), *les Fêtes données à Guillaume II, roi d'Angleterre, etc. etc.* Romyn de Hooge a gravé tous ces morceaux et un grand nombre d'autres.

Victoors ou Fictoors (*François*), savant artiste qui réunit dans ses talents l'expression, le pittoresque, le goût, l'ingénuité, la gaieté et la fraîcheur de Jean Steen. Ses tableaux sont largement et grassement peints; son coloris séduit autant par la vérité que par l'harmonie et les heureux contrastes du clair-obscur. Il a laissé des chefs-d'œuvre qui sont aussi rares que précieux, que nos amateurs n'apprécient point assez, qui surpassent beaucoup d'autres sous des noms plus célèbres qu'on paye des prix fous. Le Brun les estime 5,ooo francs; on peut encore les élever aux prix de 8,ooo à 10,ooo francs.

Victoors a peint l'histoire, le portrait et le genre; il est plus accueilli, plus heureux dans ce dernier goût.

Laban cherchant ses idoles parmi les bagages de Jacob : la scène se passe sous une tente entr'ouverte, qui laisse apercevoir une vaste campagne. Tableau qui place l'artiste au rang des plus grands coloristes de son école (Vente de feu Constantin). *La Guinguette hollandoise,* scène remplie de goût et de gaieté (Coll. du chevalier Francottay, n° 3o de son Catalogue); *une Femme à la fenêtre de sa chambre, accoudée sur un coussin, regarde ce qui se passe dans son voisinage* (Vente hôtel de Boulogne, à Paris, n° 81 du Catal., 29 avril 1817); *la Bohémienne :* la scène se passe devant un cabaret attenant à la forge d'un maréchal. Là sont sont rassemblés plusieurs paysans hollandois autour de la rustique pythonisse; un vieillard à barbe blanche, tenant un pot qu'il va porter à sa bouche, sourit

(205)

en l'écoutant ; un jeune garçon, dans la foule, engage une jeune et grosse villageoise à se faire tirer son horoscope (Coll. de M. Carré, médecin, n° 93 de son Catal., 8 janvier 1817).

Nestcher (*Constantin*), né en 1670, mort en 1722; admis dans la société des peintres à Anvers, en 1699.

Gaspard Netscher a eu deux fils, Théodore et Constantin : ce dernier a suivi le goût et la manière de son père (1). Il a peint le portrait isolément ou en famille, quelques scènes d'assemblées; il eut la réputation de flatter les femmes, de les rajeunir, de donner un teint de fraîcheur aux plus surannées, et de ne point faire disparoître les traits de la ressemblance, ce qui paroît difficile; mais la flatterie est une fausse monnoie que la vanité et l'amour-propre accréditent facilement, et dont personne ne se fâche : elle pénètre jusque dans le cœur des femmes, elle amollit celui des grands, des princes et des rois. Louis XIV se déterminoit avec peine à se faire peindre dans sa vieillesse, et le maréchal de Richelieu, qui a vécu quatre-vingt-douze ans, eut la coquetterie, toute sa vie, de n'envoyer et de ne donner, soit aux femmes

____

(1) *Voy*. le 6ᵉ tableau synoptique, tom. I, p. 75.

soit aux administrations, que des copies d'après son portrait à l'âge de vingt-quatre ans (1).

Soit en grand, soit en petit, ou en sujets composés, on a de Constantin Nestcher, *les Portraits de famille du baron Suasso, du comte de Portland, des amateurs Wassenaer et Duivenvoorden.* Dans le nombre des tableaux que ce peintre a laissés, on en voit d'assez bons et quelques-uns excellents.

---

(1) Il me reste encore de vieux amis qui savent que, dans ma jeunesse, je me suis occupé de la peinture avec quelque apparence de succès ; c'est à ces époques que j'entrepris, sans lucre, de faire le portrait du maréchal de Richelieu. Je fus secondé par son épouse, madame de Route ; et malgré toutes ses instances auprès du maréchal pour me donner quelques séances, il ne voulut jamais y consentir : ce n'est qu'après des observations réitérées, et de mémoire, que je suis parvenu à faire son portrait fort ressemblant ; il avoit alors quatre-vingt-dix ans. Ce portrait en pieds a été gravé par Vincent Vangelisti, dans la proportion de celui de Bossuet, gravé par Pierre Drevet ; il fait actuellement partie de la Collection des ducs et pairs de France, à la Bibliothèque royale. A travers les désastres dont j'ai été constamment victime pendant l'interrègne, j'ai sauvé une épreuve avant la lettre de ce portrait, dont je me suis empressé de faire hommage à monseigneur le duc de Richelieu (petit-fils du maréchal), à son premier retour en France en 1814. Dans un mot écrit à la hâte, ce seigneur m'assure qu'il en

(207)

DROLLING père, né à Berkem, mort à Paris en 1817. Artiste dont les talents sont connus par des tableaux répandus dans toutes les Collections, et se composant, la plupart, d'assemblées de villageois, de marchands forains, de diseuses de bonne aventure, de querelles, etc., tous sujets traités par l'auteur avec beaucoup d'art, et un coloris de la plus excellente qualité. Drolling rappelle les plus grands maîtres de

---

est satisfait. Je n'ai pas été si heureux auprès de la cour; l'hommage que j'y ai adressé de l'éloge du Poussin et du Guide des Amateurs (écoles italienne, génoise, espagnole, l'un par l'intervention de M. le duc d'Aumont, l'autre par M. le duc de La Châtre) est resté sans réponse. M. le duc d'Aumont, premier gentilhomme de la chambre, ne se ressouvient plus de l'hommage qu'il a fait pour moi à Sa Majesté, le 30 décembre 1814, de l'Éloge du Poussin, en un exemplaire unique, relié avec luxe, papier vélin fabriqué exprès, figures quadruplées, savoir : eaux-fortes, épreuves avant la lettre, épreuves avec la lettre, et contre-épreuves; exemplaire que j'avois encore sauvé des fureurs de l'anarchie, duquel les bibliothécaires du Cabinet du Roi assurent n'avoir jamais eu connoissance, et qu'on ne retrouve nulle part. L'édition de mon Éloge du Poussin se vend chez M. Renouard, avec ce titre : *Vie de Nicolas Poussin, considéré comme chef de l'École françoise, etc.*, suivie de la Description de ses principaux Tableaux, avec figures en taille-douce, grand *in-8. Paris, Didot l'aîné,* M. DCCC. VI.

l'école où il a pris naissance. Voici le titre de quelques-uns de ses charmants tableaux :

Une Laitière, une Femme portant des secours à une famille dans la misère, la Marchande d'oranges, le Mea culpa, le Verglas, le Marchand forain (exposition du Salon, 1814), *le prince Chéri* (sujet tiré du Magasin des Enfants); *l'Hospitalité, les deux petits Frères* (salon de 1810), *la Maîtresse d'école de village, l'Intérieur d'une cuisine, l'Intérieur d'une salle à manger* (salon de 1817). Drolling, dans ces deux derniers tableaux, a réuni toutes les parties élémentaires et substancielles du plus haut degré de l'illusion; non-seulement il s'est surpassé lui-même, mais il a surpassé tous ceux qui, comme lui, ont visé à cette exécution illusoire et captieuse, qui séduit tous les regards, sans en excepter aucun, même aux époques les plus brillantes de l'école flamande.

QUATRIÈME DIVISION.

..LEURS, FRUITS, ACCESSOIRES, DITS *NATURE MORTE*.

Spelt (*Adrien*), né à Laide, attaché long-temps à la cour de l'électeur de Brandebourg, en qualité de peintre de fleurs.

Es (*Jacques Van*), natif d'Anvers, florissoit vers 1590 : il se plaisoit à imiter des poissons de diverses espèces, des crabes, des zoophytes ; quelquefois il a peint les fleurs et les raisins, avec une grande légèreté ; en général ses ouvrages portent l'empreinte de la vérité.

Vosmer (*Jacques Wouters*), né à Delft vers 1584, mort en 1641.

Ses historiens le qualifient de bon peintre de fleurs, et disent qu'il a aussi peint le paysage.

Utrecht (*Adrien Van*), né à Anvers en 1599, mort en 1651 : il a imité avec talent les oiseaux de diverses espèces, et les groupoit souvent avec des fleurs et des fruits. Le roi d'Espagne faisoit enlever ses ouvrages sitôt qu'ils étoient terminés, et la mode d'orner les appartements avec des effigies d'oiseaux, lui fit faire une fortune considérable. Il a laissé quelques scènes familières.

MARCELLIS (*Otho*), né en 1613, mort à Amsterdam en 1673, surnommé *le Furet*, à Rome, parce qu'il étoit toujours à la découverte des insectes, des serpents, des couleuvres, des plus belles plantes dont il a fait des imitations parfaites, et qui ont été très estimées. En quittant sa patrie, il vint d'abord à Paris, et resta au service de la reine Anne d'Autriche, qui lui fit donner un louis d'or par jour, pour quatre heures de travail, en outre la table et le logement. De Paris, il se rendit à la cour du grand-duc de Toscane, où il ne fut pas moins bien traité : il continua sa route jusqu'à Naples, et alla aussi à Rome, où ses ouvrages plurent infiniment. Dans l'ancienne Collection de Lormier, à La Haye, il y avoit *un Tableau de fleurs, de plantes et d'insectes*, que l'on regardoit comme un des chefs-d'œuvre de Marcellis.

HECK (*Jean Van*), contemporain de Boel, né au bourg de Quaremonde, près d'Oudenarde.

Les tableaux de cet artiste se composent de fleurs, de fruits, de vases d'argent, de bronze, de porphyre, de marbre : ils sont d'un beau fini. Les Italiens ont fait un très grand cas de ses ouvrages pendant son séjour en Italie : il vivoit encore à Anvers en 1660. (On trouve un artiste du même nom, page 95, division de l'histoire, qu'il ne faut pas confondre avec celui-ci.)

ADRIENSEN (*Alexandre*), né à Anvers, floris-
sit en 1630. On recherchoit, dans son temps,
les bouquets de fleurs ingénieusement placés
dans des vases de cristal, de marbre, et d'une
fort bonne couleur, touchés avec goût et légèreté.

GABRON (*Guillaume*), natif d'Anvers : il a
passé une grande partie de sa vie à Rome, où
il a été fort estimé pour ses imitations de nature
morte : on ne sait rien de plus de lui.

ROESTRAETEN (*N.*), né à Harlem en 1627,
mort à Londres en 1698, élève de François
Hals, peintre de portraits.

Suivant les historiens de cet artiste, il pa-
roîtroit que la jalousie du chevalier Lely nous
auroit privés de ses rares talents dans le portrait,
en lui inspirant de se livrer à l'étude des accessoires, dits *nature morte*. Roestraeten s'accom-
moda des propositions d'un rival redoutable ;
il abandonna le portrait et fit des tableaux
d'imitation qui sont d'une vérité frappante,
composés de vases d'or, d'argent, de nacre, de
porcelaine, ornés quelquefois de bas-reliefs
qui font illusion : ses ouvrages sont très estimés
en Angleterre et n'en sortent que très diffici-
ement.

STREECK (*Juriaan Van*), né en 1632 ; artiste
mélancolique qui faisoit des drames lugubres,

avec une tête de mort, une bulle de savon et une lampe sépulchrale : presque tous ses ouvrages sont marqués de ces tristes emblèmes, mais avec une vérité qui étonne, et aussi qui repousse.

. STEENWYK (*N.*), qu'il ne faut pas confondre avec Henri Steenwyk, le peintre d'architecture (tom. I, pag. 125), a peint des emblèmes dans le même goût : à côté des objets qui caractérisent le luxe; il plaçoit *une tête de mort, une bougie qui s'éteint, une bulle de savon*. L'artiste, dans sa conduite, manifestoit des sentiments bien contraires à ses allégories morales. Il vécut crapuleusement, mourut misérable, et ses ouvrages furent néanmoins cherchés et chèrement payés.

BRIZE (*Cornille*), peintre de nature morte : il groupoit ordinairement des armures, et rendoit avec vérité le brillant des métaux, les ornements des casques, des cuirasses, des piques, des carquois. Ce talent d'imitation, auquel se bornoit l'artiste Brize, a été chanté avec enthousiasme par le poète Vondel, qui cite encore comme un prodige, *un Amas de registres, de liasses de papiers*, en forme de trophées, que l'on voyoit autrefois dans l'Hôtel-de-Ville de Hollande. Les raisins de Zeuxis, qui ont trompé les oiseaux, et le rideau de Parrhasius, qui a trompé Zeuxis, regardés comme des puérilités en peinture, à côté de *l'Atalante,* dont le premier fit présent aux Agrigentins, et *le grand-prêtre de Cybèle,* que Tibère paya au second soixante sesterces ; ce rideau, dis-je, qui fit dire à Zeuxis : *Parrhasius trompe les hommes, et je n'ai trompé que les animaux,* n'a pas moins excité l'éloquence de Pline l'historien, qui ne laissoit rien échapper négligemment de sa plume (1). Il n'appartient qu'aux hommes doués d'un goût exquis, d'apprécier à sa juste valeur l'illusion vulgaire, qui ne tient qu'une bien petite place dans le domaine des arts. Le plus ignorant des peintres peut faire un trompe-l'œil.

WEYERMAN ou WEYERMANS (*Jean*), surnommé par la bande académique *Compaviva,* dans son voyage de Rome. Houbraken en parle comme d'un homme instruit, qui parloit sept langues ; et il fait l'éloge de ses talents à peindre les fleurs et les fruits ; mais il nous laisse dans l'indécision sur sa naissance, sa mort, et son

---

(1) Nos anciens professeurs d'humanités ne manquoient jamais de citer cette concurrence des deux peintres grecs, que tout le monde connoît, comme un trait sublime de l'esprit humain, et cette impression ridicule étoit gravement répétée dans le monde par des savants du premier ordre.

degré de parenté avec l'historien Campo Weyermans.

Kalraat (*Abraham Van*), né à Dort en
1643, élève des frères Émile et Samuel Hulp,
sculpteur : il quitta le ciseau de bonne heure
pour prendre le pinceau, et s'exerça à imiter
les fleurs et les fruits : on n'en parle plus aujourd'hui.

Dunz (*Jean*), né à Berne en 1645, mort en
1736.

Cet artiste, né avec de la fortune, a peint les
fleurs comme un amateur; on assure aussi qu'il
peignoit très bien le portrait, mais rien de ses
talents ne paroît digne d'être cité.

Merian (*Marie-Sibylle*), née à Francfort en
1647, morte à Amsterdam en 1717, élève d'A-
braham Mignon.

Cette fille célèbre épousa, en 1665, Jean
Graff, peintre et architecte de Nuremberg, mais
elle continua de porter le nom de Merian, que
son père avoit déjà illustré en Allemagne, par
ses lumières en géographie, et ses talents en
peinture. En 1698, Sibylle Merian, accompagnée de sa fille Dorothée-Marie-Henriette
Graff, s'embarqua pour Surinam, où elle employa deux années entières à observer et peindre
les insectes, ainsi que les plantes, les fleurs et
les fruits qui leur servent de nourriture. Les

savants, les naturalistes admiroient sa patience
et sa sagacité à suivre dans leurs mœurs, leurs
habitudes, leurs inclinations, les reptiles, les
insectes ; leur génération, les métamorphoses
qu'ils subissent ; ses dessins, sur vélin, ne
laissent rien à désirer du côté de la correction,
de la précision et de l'exactitude. Le fini et la fraîcheur du coloris en augmentent encore l'intérêt ;
ils sont, pour la plupart, en Hollande. Marie-
Sibylle Merian fit graver ses propres dessins,
auxquels elle joignit ses remarques, et les publia à Nuremberg, en 1679, sous ce titre : *Origine des Chenilles, leurs nourritures et leurs métamorphoses*. En 1683, elle publia la seconde
partie ; elle avoit déjà cinquante planches pré-
parées pour une troisième, quand la mort l'enleva. Descamps, bien instruit sur la publication
de cet ouvrage, dit : « Ses deux filles peignoient
« aussi très bien à gouache, et l'on doit à Do-
« rothée, qui l'avoit accompagnée dans ses longs
« voyages, d'avoir rédigé, arrangé et fini la
« troisième partie de ce Recueil, aussi curieux
« qu'immense, et de l'avoir publié comme l'ou-
« vrage posthume de sa mère. »

Jean Muret, médecin d'Amsterdam, a traduit
en françois ce chef-d'œuvre d'histoire naturelle,
y a ajouté des planches avec leur explication,
et des notes très estimées.

Veen (*Roch Van*), fils d'Otto Venius, ou, ce qui est plus probable, son neveu.

Cet artiste, et ses deux fils, ont peint à gouache des animaux vivants, avec une fraîcheur de coloris, une exactitude dans le plumage, et un fini si précieux, que les curieux recherchèrent à l'envi leurs ouvrages. Après la mort du dernier des Van Veen, on en fit une vente à Harlem, en 1706, qui produisit une somme considérable, et où il y eut un tel concours d'enchérisseurs étrangers, que les commissions de plusieurs cours de l'Europe ne purent être remplies.

Terwesten (*Elie*), né à La Haye en 1651, élève de son frère Augustin Terwesten (*voyez* la page 104), surnommé, à Rome, *l'Oiseau de Paradis* : ses tableaux de fleurs et de fruits ont été fort recherchés en Hollande ; il vivoit encore en 1724.

Hulst (*Pierre Van der*), né à Dort en 1652, surnommé *Tournesol*, à Rome, parce qu'il introduisoit toujours cette plante dans ses compositions. Ses tableaux, dans la manière de *Mario di Fiori*, plaisoient aux Italiens ; la touche en est large, l'exécution et le coloris s'éloignent tout-à-fait du goût flamand. Quelquefois ils offrent des plantes à larges feuilles, groupées près d'un fragment de roche, avec des reptiles

des insectes, répandus avec beaucoup d'intelligence, soit dans des ronces, soit sur les fleurs,
mais toujours rendus avec art et vérité.

VERBRUGGEN (*Gaspard-Pierre* et *Henri*).

L'Académie d'Anvers compte quatre peintres
de ce nom, parmi ses directeurs. Gaspard-Pierre
naquit dans cette ville en 1668, fut choisi directeur de l'Académie en 1691, et mourut en 1720.
Henri, que l'on croit son frère aîné, fut aussi
directeur en 1688 ; l'un et l'autre ont peint les
fleurs et les fruits avec distinction. Gaspard a
peint, souvent en société avec Matthieu Terwesten ; ils n'eurent jamais la finesse des Van Huysum, des Mignon, des De Heem ; leur manière
est large, expéditive, tire à l'effet, et s'approche
beaucoup du mode d'exécution du peintre Monoyer, dit *Baptiste*. Les tulipes dominent dans
leurs compositions : les étrangers enlevoient
leurs ouvrages à mesure qu'ils les finissoient.
Ces tableaux ont beaucoup perdu avec le temps,
tant du côté du coloris, que de la valeur com-
merciale. Dans les anciennes Collections Fagel,
Lormier et Van Helerin, on voyoit de Gaspard
ses meilleurs ouvrages, faits en société avec
Matthieu Terwesten ; la plupart montroient des
enfants se jouant et se groupant avec des guirlandes de fleurs.

HARDIMÉ (*Pierre*), né à Anvers en 1678,

élève de son frère Simon, mort à Londres en 1737.

Hardimé fut très employé à La Haye ; il remplaça les Verbruggen dans les entreprises des fleurs, pour la décoration des palais et des plafonds, et travailla, comme eux, en société avec Terwesten : il a surpassé dans le coloris Gaspard Verbruggen ; mais ses ouvrages, trop librement faits pour être vu sous l'œil, sont peu recherchés pour l'ornement des Collections, et en conséquence, d'une petite valeur dans le commerce. En 1718, il a peint *les quatre Saisons*, en grand, pour un monastère de l'ordre de Saint-Bernard, à Anvers : ces morceaux, qui sont les chefs-d'œuvre de l'auteur, offrent les fruits et les fleurs de chaque saison ; le coloris en est brillant, et la composition ingénieuse.

WEYERMANS (*Jacques Campo*), né en 1679, mort en 1747, élève de Ferdinand Van Kessel.

Nous croyons devoir ne rien ajouter à ce que nous avons dit de Weyermans comme historien (1) : comme peintre, ses titres sont assez minces pour être entièrement perdus de vue, s'ils n'étoient rappelés par une sorte de célébrité que conserve son nom. Son inconduite, en nuisant à ses talents, nous a privés de ses ou-

----

(1) *Voyez* l'Introduction, tom. I, p. xiij, note 3.

vrages du pinceau, qui ont été estimés. Weyermans peignoit les fleurs et les insectes avec assez de délicatesse, souvent sur glace : à peine en fait-on mention aujourd'hui.

Crépu (*N.*) : cet artiste qui avoit servi en qualité de lieutenant dans les troupes d'Espagne, s'est emparé du pinceau, sans guide, sans maître, et est parvenu à peindre les fleurs avec goût : ses ouvrages ont été très estimés en Flandre.

Bosschaert (*N.*), né à Anvers en 1696, élève de Crépu : il a surpassé tous les artistes qui précédent ; ses tableaux de fleurs sont plus finis, qualité essentielle pour les introduire dans les Collections, aussi ont-ils été très recherchés dans son temps, et ils sont encore estimés en Flandre et en Hollande.

Withoos (*Pierre*), élève de son père, Matthieu Withoos (1), mort à Amsterdam en 1693 : il a peint à gouache les fleurs, les insectes et les plantes avec une vérité étonnante. Ses ouvrages, très précieux pour le fini, se conservent en Hollande, reliés en un volume qu'on ne peut acquérir qu'à des prix considérables.

Withoos (*François*), élève de son père Matthieu, et frère du précédent : en suivant le

______

(1) *Voyez* la page 180.

même goût et le même genre, il est resté infé-
rieur à ses parents. Un voyage qu'il a fait dans
les Indes n'a servi qu'à le rendre plus médiocre.

VERNERTAM (*François*), né à Hambourg en
1658 : il avoit déjà des talents fort remarquables,
quand il entreprit le voyage de Rome; et sitôt
qu'il fut en Italie, il abandonna sa première
manière pour étudier celle de *Mario di Fiori*.
La réputation qu'il se fit parmi les Italiens fut
généreusement récompensée par des travaux
qui obtiennent encore des suffrages dans quelques Collections romaines.

MOREL (*N.*), natif d'Anvers, élève de Veren-
daël : ses ouvrages se composent de plantes à
larges feuilles, mêlées de fleurs : le coloris est
vrai et la touche est ferme. On n'en fait plus
mention.

RUYSCH (*Rachel Van Pool*), née à Amsterdam en 1664, morte en 1750, élève de Van
Aelst.

Elle étoit fille du professeur Ruysch (1), dont

____

(1) Frédéric Ruysch, l'un des plus savants anato-
mistes et médecins-naturalistes qui aient paru en Hollande, dont on a un grand nombre d'excellents ouvrages, mort à Amsterdam en 1713. Henri Ruysch,
frère de Rachel, n'a pas eu moins de célébrité dans
les différentes sciences qui conservent la mémoire de
son père.

elle conserva le nom, avec celui de Juriaen Van Pool, qu'elle épousa en 1695. La réputation de cette femme célèbre eut le plus grand éclat dans l'Europe ; ses tableaux de fleurs, remplis d'art et de goût, simples dans la composition, mais riches de coloris, soignés dans l'exécution, et touchés avec une fermeté qu'on ne peut espérer sous la main délicate du beau sexe, font encore l'admiration des vrais amateurs. On y admire surtout la science du clair-obscur, conduite et dirigée avec cette spéculation qui fait la gloire des plus grands maîtres de l'école batave. L'électeur Palatin, son Mécène, lui envoya un diplôme daté du 17 août 1708, par lequel il la nomma Peintre au service de sa cour; il fut encore parrain de son premier enfant. Rachel, après ses relevailles, porta son fils à Dusseldorf; le prince, au milieu de sa cour, passa au col de cet enfant un ruban rouge, auquel étoit attachée une magnifique médaille en or; il ajouta à cette faveur signalée, une toilette complète, en argent, composée de vingt-huit pièces, et y ajouta six flambeaux du même métal. L'électeur faisoit un si grand cas des tableaux de Rachel Ruysch, qu'il en envoya en présent au grand-duc de Toscane, pour en décorer sa riche Collection. *Juriaen Pool*, son mari, a développé quelques talents dans le portrait; mais après la mort de l'électeur Palatin, il renonça à la peinture, et fit le commerce des dentelles (*Voy.* tom. II, pag. 124).

VERELST (*Simon*), né à Anvers, s'est distingué par des talents qui le firent estimer à Londres, où il passa une partie de sa vie. Le duc de Buckingham et le prince de Condé aimoient ses compositions de fleurs et de fruits : on les conserve en Angleterre. Le célèbre Boerhaave (1) possédoit le chef-d'œuvre de Simon Verelst.

VERELST (*Cornille*), frère du précédent, a peint aussi les fleurs en Angleterre, où ses ouvrages sont restés.

EECKHOUTE (*Antoine*), natif de Bruges, fils de Michel, et beau-frère de Louis Deyster, habile peintre avec lequel il a fait des tableaux en société; Deyster faisoit les figures, et Eeckhoute les ornoit de fleurs. On n'obtenoit ses ouvrages qu'à de très hauts prix : son talent et sa brillante fortune lui ont fait des envieux, des

---

(1) Herman Boerhaave, savant professeur en médecine, en chimie et en botanique, né à Voorhout, près de Leyde, en 1668, mort en 1738, et qui a laissé cinq ouvrages classiques écrits en latin. Il a mérité aussi le titre d'amateur en employant une partie de sa fortune, qui étoit considérable, à encourager les artistes pour faire collection de leurs bons ouvrages.

jaloux : il mourut d'un coup de feu, à Lis-
bonne, en se promenant dans son carrosse,
l'an 1695.

Rysbraek (*G.*) : il ne faut pas confondre cet
artiste avec Pierre Rysbraeck, peintre de paysages, l'élève de Mille Francisque : celui-ci a de
même peint assez médiocrement le paysage. Les
auteurs du temps n'en parlent pas ; je ne le rappelle que parce que j'ai découvert son véritable
talent dans les fleurs et les animaux morts.
Je possède de lui un fort bon tableau dans ce
genre, avec sa signature bien originale, *G. Rys-
Braek.*

Breugel (*Abraham*), connu sous le nom de
Breugle-le-Napolitain, fils, à ce que l'on croit,
d'Ambroise Breugle, directeur de l'Académie
d'Anvers en 1653 ou 1670. Abraham est né à
Anvers en 1672 ; il se rendit de bonne heure à
Rome, et fut surnommé *Rhyn-Graef* (1) par
la bande académique. Ses tableaux de fleurs ont
été singulièrement appréciés par les Romains ;
il y règne une vérité, une exactitude, une fermeté d'exécution et un coloris chaud, dans le
goût italien, qui les font encore apprécier de
nos jours : rarement cet artiste est cité en
France.

______

(1) Ou comte du Rhin.

BREUGEL (*Jean-Baptiste*), frère du précédent, surnommé *Meleagre* par la bande académique, a aussi peint les fleurs, à Rome, où il paroît qu'il est mort; on ignore en quelle année.

ESSAI

COLLECTIONS DE L'EUROPE,

ET SUR CELLE DE LA COURONNE SPÉCIALEMENT,
POUR SERVIR AUX TROIS DIVISIONS DU GUIDE
DES AMATEURS.

Le siècle de François Ier est évanoui, mais les
monuments qui fondent sa gloire restent, et
s'offrent à nos regards comme le plus précieux
héritage du génie, du goût, et de cette élévation d'âme qui n'a point été atteinte ni par les
Italiens ni par les François depuis Léon X,
François Ier et Henri II (1).

La Collection de la Couronne date de ces
époques : nous en devons les bases à François Ier.
Aidé par les conseils des cardinaux de Boissy,
Jules et Hyppolite de Médicis, il fit acheter les

(1) On ne fut jamais plus près des chefs-d'œuvre de
l'antique, en France, que sous ces règnes ; et malgré
la réforme de l'école moderne et ses progrès considérables, elle est encore à une grande distance des Jean
Gougeon, des Paul Ponce, des Clouet, des Fréminet
et des Germain Pilon, tous artistes françois.

ouvrages des illustres peintres qui florissoient alors ; il appela un grand nombre des plus habiles à sa cour , réforma de toutes les maisons royales le mauvais génie des temps de barbarie, et fit briller les arts dans le palais de Fontaine-bleau avec un luxe encore sans exemple depuis l'origine de la monarchie. Henri II a suivi l'exemple de son illustre prédécesseur, et il nous reste du règne de ce prince des monuments de notre industrie qui sont inappréciables.

Nos rois, depuis cette mémorable époque, toujours le glaive à la main pour dissiper les sinistres projets du despotisme et de la superstition, n'ont point négligé ce noble héritage, fruit des douceurs de la paix. Henri IV et Louis XIII l'ont enrichi, augmenté, et Louis XIV y a mis le sceau. Ce prince, qui a laissé des traces d'une munificence rare pour la gloire de son empire et l'émulation de ses sujets, préféroit à tout les productions françoises ; mais il chérissoit et ambitionnoit les productions italiennes des belles époques de l'art, parce qu'il les considéroit comme le type du grand goût, et saisissoit toutes les occasions d'en enrichir la Collection de la Couronne.

Colbert, le modèle des ministres, le père des lettres et des arts, et le fondateur des Académies, seconda avec un zèle sans bornes les vues

la monarque. L'intrigue étoit sans faveur auprès d'un ministre qui réunissoit toutes les plus
hautes et les plus généreuses qualités de l'homme
l'état; les lumières, appuyées par les titres d'une
longue expérience, avoient seules des droits à
sa confiance, et les Le Brun, les Mignard et les
Coypel la méritèrent. Secondés par les experts
en réputation, au nombre desquels je nomme
le peintre Vignon, qui fut un des plus grands
connoisseurs de son temps, on fit un choix dans
les plus belles ventes du temps; telles furent
celles du cardinal de Richelieu (1), de la duchesse d'Aiguillon, du cardinal Mazarin, du
marquis de Fontenai-Mareuil, du président
Tambonneau, du duc de Saint-Simon, du duc
de Richelieu, de la marquise d'Aumont, de
Nicolas Fouquet, marquis de Belle-Isle, du
prince de Carignan, tous amateurs célèbres par
des Collections remarquables, dans le dix-septième siècle.

C'est particulièrement à la vente de l'amateur
Jabach où se firent les plus riches acquisitions;
la Collection de ce dernier étoit en grande partie formée des débris d'une vente considérable
de tableaux qui fut ordonnée en Angleterre,

---

(1) Les tableaux du cardinal de Richelieu ont été
conservés par ses héritiers, et vendus après leur décès.

après la mort de Charles Ier. Semblable à ce trop célèbre général qui rasa Corinthe (1) Cromwell mit à l'encan les chefs-d'œuvre dont son illustre victime avoit orné le trône, et les vit sans regret sortir du royaume.

Telles furent les sources qui augmentèrent la Collection de la Couronne : tout fut généreusement payé et acquitté, ainsi que le constatent les actes publics. On doit y ajouter les présents faits à nos rois par les cours étrangères, et surtout les chefs-d'œuvre de l'école vénitienne que le cardinal Guallerio apporta de Rome lorsqu'il vint en France, en 1701, en qualité de nonce du pape.

Jusque-là les écoles germanique, belge et batave n'étoient pas encore en vogue parmi les François. Louis XIV savoit que la gloire des artistes qui y florissoient, ou qui les avoient illustrées, excitoit les regards de l'Europe, il y fut sensible. Ses conquêtes dans les Pays-Bas, en 1672, le mirent à même de faire de nouvelles acquisitions. Plusieurs des généraux de son armée imitèrent son exemple; ainsi se répandirent en France, à la cour et à la ville, les Berghem, les Wouvermans, les Rembrandt, les Brouwer et surtout les Téniers. Ces derniers obtenoient

____

(1) L. Mummius, surnommé *l'Achaïque*.

la préférence; on en voyoit partout. Le goût des amateurs et des gens du monde se tournoit tellement vers cette nouveauté, que Louis XIV la réforma de ses appartements, en s'exprimant ainsi : *Que tous ces magots disparoissent de ma vue;* paroles pleines de sens de la part d'un monarque qui craignoit toute espèce d'influence capable de corrompre les idées de grandeur et de noblesse qu'il imprimoit à son siècle (1).

Sous la Régence, et pendant les règnes de Louis XV et de Louis XVI, Coypel, Pierre, peintres du roi; Le Brun, Joulain, experts, ont eu très souvent des commissions de la cour pour augmenter la Collection de la Couronne de morceaux choisis et célèbres dans la curiosité.

Le Catalogue des Tableaux du roi, rédigé par l'Épicié en 1752, d'ailleurs restreint aux tableaux italiens, n'en donnoit qu'une foible idée, à la fin du siècle dernier. C'est ce qui m'a déterminé à en faire, pour ma propre satisfac-

---

(1) La leçon jeta une grande défaveur sur les bambochades flamandes ; on les adjugeoit à tous prix dans les ventes : la plupart furent reléguées chez les artistes comme des objets de mérite, mais sans valeur intrinsèque; ce qui dura jusqu'à la vente de la comtesse de Verrue, en 1737, époque où les tableaux flamands reprirent un cours plus suivi.

tion, un inventaire, que j'ai commencé en 1788, sous les auspices de M. Durameau, garde des tableaux de la Couronne (1). Mes anciennes relations avec cet artiste, sous les auspices duquel j'ai étudié les arts dans ma jeunesse, m'ont mis à même d'obtenir des renseignements précieux, et je travaillois à un ouvrage sur cette matière, lorsque les événements politiques de 1789 me forcèrent d'abandonner mon projet; cependant il m'en est resté assez de matériaux pour redresser les erreurs de quelques étrangers modernes, qui, en s'en tenant au Catalogue de l'Épicié, n'en donnent qu'une idée bien médiocre.

La Collection de la Couronne, dans l'ancien ordre de choses, étoit confiée au surintendant des bâtiments : Jules-Hardouin Mansart fut honoré de ce titre, par un édit du mois de janvier 1716. Depuis ce célèbre architecte, le cardinal de Fleury, M. Orry, le duc d'Antin, M. de Tournehem, M. de Vandières, marquis de Marigni, et M. le comte d'Angevilliers, ont successivement rempli cette charge, à laquelle

---

(1) On étoit dans l'usage de confier le dépôt de la surintendance à un artiste distingué, membre de l'Académie royale de Peinture ; il prenoit le titre de Garde des Tableaux de la Couronne, et logeoit à la Surintendance.

étoit annexée la direction de l'Imprimerie royale, de la Monnoie des médailles, de toutes les Académies, et enfin de la Collection des tableaux, statues, antiques et objets d'arts appartenants à la Couronne. La publicité de cette Collection s'est bornée à l'ornement des maisons royales, jusqu'en 1750, environ, que le roi fit ouvrir une galerie publique au palais du Luxembourg. Les tableaux sans destination étoient conservés dans les bâtiments de la Surintenlance à Versailles, et dans un état de dégradaion effrayant. M. le comté d'Angevilliers, le lernier des surintendants des bâtiments de la Couronne, a qui l'on doit le hardi et magnifique projet du Muséum ; aussi zélé pour la conservation des objets précieux que pour l'émuation, étoit environné d'artistes peu versés lans l'art de restaurer, notamment Pierre, prenier peintre du roi, qui n'entendoit rien à la estauration des tableaux, et qui n'avoit pas nême la plus légère connoissance en peinure (1). Sous ses auspices, on a fait les plus

---

(1) M. Pierre ne savoit pas distinguer une copie l'avec un original : on lui a vu donner un tableau de Rubens à un gardien ou homme de peine, pour en lébarrasser la Collection d'Orléans ; et il a regardé omme un triomphe de s'être lui-même débarrassé du *Saint Charles Borromée communiant les pestiférés*

grandes fautes, et commis des erreurs qui ont occasionné des pertes irréparables.

La restauration est un art perfectionné de nos jours, qui a produit des miracles et ressuscité des chefs-d'œuvre dont on n'espéroit plus rien ; mais quand elle est employée au profit du gouvernement, on ne doit point la confier à des mains même habiles, sans une inspection réitérée d'experts extrêmement versés dans cette partie, comme dans la connoissance des maîtres. Il est également dangereux d'abandonner cette partie délicate à l'entreprise, comme il est urgent d'examiner avec beaucoup de soin les tableaux susceptibles de réparations. Les frais employés à la restauration d'un tableau dégradé dans les principales parties qui constituent son mérite, sont des fonds compromis, car le tableau, après la restauration, n'est plus du maître (1).

Il seroit à souhaiter que toutes ces mesures

---

dans la ville de Milan, par Van Oost, pour la somme de douze francs. C'est encore ce peintre qui, le premier, a exposé à la restauration d'une main barbare les vingt-quatre tableaux de Le Sueur qui ornoient le petit cloître des Chartreux, à Paris.

(1) M. de Burtin a singulièrement soigné la restauration des tableaux dans le cours de son ouvrage ; les amateurs ne peuvent tirer qu'un bien grand fruit de toutes les instructions qu'il donne à ce sujet.

ussent prises dans l'administration du Muséum;
nous n'aurions point à regretter les fautes énormes qu'on y voit, ni celles qui paroissent iné-
vitables dans l'avenir. Il eût été plus doux pour
moi de livrer mes réflexions à ce sujet, dans
une communication respective, si facile dans
les temps qui faisoient dire à un homme dont
on reconnoît toujours la plume : « La politesse
des François n'est point une chose arbitraire,
comme ce qu'on appelle civilité; c'est une loi
de la nature qu'ils ont heureusement cultivée
plus que les autres peuples. »

Les relations qu'exigent mes recherches et
mes immenses travaux, me prouvent souvent
que cette politesse a survécu aux troubles politiques, et qu'elle se manifeste encore avec
autant de grâce que dans les beaux siècles de
l'urbanité françoise; mais lorsque ceux qui de-
vroient en être le type, et par état et par devoir,
s'écartent de cette heureuse influence de notre
civilisation, alors plus de considération réci-
proque, plus de portes ouvertes, plus de renseignements pour l'homme laborieux qui con-
sume sa vie à la lueur des veilles, au profit de
l'intérêt général.

Dans ce coup d'œil sur l'ancienne Collection
de la Couronne, je ne donne que très briève-
ment le titre des tableaux dont elle se compo-

soit en 1788; mais les réflexions que je sème
les parcourant, sont d'un intérêt assez majeur
pour s'enchaîner à l'histoire de nos arts, et à la
gloire de François Ier, de Henri II, de Henri IV
de Louis XIV, et de Louis XVI, le premier de nos
rois qui donna la liberté aux arts; prince qui
comme ses illustres prédécesseurs, devroit re-
vivre en groupe, sous le marbre, au milieu de
la capitale, ou du Muséum, avec cette belle
strophe, expression de là reconnoissance et de
l'amour des François pour leur roi.

Mânes religieux, ornement de la France,
Respectables garants de sa prospérité,
Oui, votre magnifique et féconde alliance
Est le nœud qui nous lie à l'immortalité.
Si le temps destructeur, si le souffle du vice,
Des mœurs et du génie ébranlent l'édifice,
   Dégradent nos cœurs abattus,
Vous retiendrez l'état penchant vers sa ruine;
Là nous retrouverons cette flamme divine
Qui fit germer les arts, et créa la vertu (1).

(1) Ode sur le Muséum, par l'abbé Carré.

TABLEAUX

DE L'ANCIENNE

COLLECTION DE LA COURONNE.

ÉCOLES

ITALIENNE, GÉNOISE, ESPAGNOLE.

ÉCOLE FLORENTINE.

Léonard de VINCI.

LE Sauveur tenant un globe.

Une Sainte Famille accompagnée de saint Michel, de sainte Élizabeth, et de saint Jean tenant un mouton.

La Vierge et sainte Anne.

La Vierge, l'Enfant Jésus, et saint Jean.

La Vierge tenant l'Enfant Jésus.

Sainte Catherine avec deux Anges.

Saint Jean-Baptiste.

Le Portrait de la Joconde.

Le Portrait de la belle Féronnière.

Un Portrait de Femme vêtue en rouge.

Bacchus en pieds.

André SOLARIO.

La fille d'Hérodias recevant la tête de saint Jean.

Louis XIV a acquis ce tableau sous le nom de *Solario*,

et il est bien incontestablement de ce maître, et non pas
de *Léonard de Vinci*, comme le prétendent quelques amateurs.

Balthazar PERUZZI.

La Vierge découvrant l'Enfant Jésus qui dort.

Michel-Ange BUONAROTTI.

La Sainte Famille.

Le deuxième tableau, représentant *David qui terrasse
Goliath*, a été présenté à Louis XIV sous le nom de *Michel-
Ange*, par le prince Cellamare, ambassadeur d'Espagne
le 24 juillet 1715. On est convaincu aujourd'hui qu'il n'est
point du maître. Quelques experts du siècle dernier l'ont
attribué à *Daniele de Volterre*, mais je crois être autorisé
à nommer *Sebastiano del Piombo* comme son véritable
auteur. (*Voyez* mon Guide des Amateurs, écoles italiennes.)

André del SARTE (1).

La Sainte Famille.
Tobie conduit par l'ange Raphaël.
La Charité.

Dans ce dernier tableau est représentée une femme assise qui tient sur elle deux enfants, l'un attaché à sa ma-
melle, l'autre d'un air enjoué lui présente des noisettes.
Il étoit peint sur bois, et dans un état qui menaçoit ruine
M. de Tournehem, surintendant des bâtiments du roi,
prédécesseur de M. de Vandières, marquis de Marigni, le
confia au sieur Picault, habile restaurateur, qui l'a transporté sur la toile, et l'a remis dans son premier état de
fraîcheur.

---

(1) *Vannucchi* est son nom propre, et *del Sarte* ou *de
Sarto* un sobriquet qui signifie *du tailleur*, profession de
son père.

Jacques PONTORME.

Le Portrait d'un Graveur, dont le bras droit est appuyé sur une table.

Maître ROUX.

Cléobis et Biton.
Jupiter et Danaé.
Adonis expirant.
Le Combat des Lapithes et des Centaures.
Vénus qui châtie Cupidon pour avoir abandonné Psyché.
Le Centaure Chiron instruisant Achille.
Les Amours de Sémélé.
Une Tempête sur mer pendant la nuit (tableau admirable).

Toutes ces peintures ont été exécutées par le maître, dans le palais de Fontainebleau, sous François Ier.

Périn del VAGO.

Le Parnasse, où les Muses et les Piérides disputent en présence des Dieux (petit tableau).
Mars et Vénus avec un Amour tenant un foudre à la main.

François SALVIATI.

Adam et Ève chassés du paradis terrestre.

Horace GENTILESCHI.

Le Repos de la Sainte Famille.

On y voit la Vierge qui allaite son fils ; saint Joseph, étendu sur le dos, est endormi. Le fond représente des ruines antiques.

PIETRE DE CORTONE.

La Nativité de Notre-Seigneur.
La Vierge et sainte Martine.
La Nativité de la Vierge.
Le Mariage de sainte Catherine.
La Vierge et l'Enfant Jésus.
La Sainte Famille.
Le Triomphe de Bacchus.

ÉCOLE ROMAINE.

PIERRE PÉRUGIN.

La Vierge et l'Enfant Jésus.
Descente de Croix.
La Madeleine aux pieds de Jésus-Christ.
Saint Jérôme.
Charles VIII, roi de France.

L'auteur fit ce dernier tableau à Turin, après la bataille de Fournouë, que l'on voit représentée dans le fond.

RAPHAEL D'URBIN.

La Vierge appelée *la belle Jardinière*.
Saint Michel.
Sainte Marguerite.
Le Portrait de Jeanne d'Aragon, femme d'Ascagne Colonne, princesse qui se fit admirer par sa beauté, son courage et sa capacité.
Saint Jean-Baptiste dans le désert.
Le Portrait du comte de Castiglione.

Le Portrait du cardinal Jules de Médicis.

Une Sainte Famille, en petit.

La Sainte Famille, où saint Jean présente une croix.

Une Sainte Famille, où l'Enfant Jésus caresse saint Jean.

Le Portrait de Raphaël d'Urbin.

Le Portrait de Pontorme, peintre florentin.

Saint Jean l'Évangéliste.

Saint Michel terrassant le démon.

Saint Michel combattant les monstres infernaux.

Saint Georges sur un cheval blanc, combattant contre un dragon.

La Vierge tenant l'Enfant Jésus.

Portrait d'Homère ayant le bras appuyé sur une table.

Le Portrait d'un jeune homme avec un bonnet noir.

Une Sainte Famille, appelée *le Silence*.

La fameuse Sainte Famille gravée par Gérard Edelinck.

Raphaël ayant envoyé ce dernier tableau à François Ier, comme un tribut de sa reconnoissance pour les marques de bonté qu'il avoit reçues de ce prince, François Ier lui répondit : *Que les hommes célèbres dans les arts partageant l'immortalité avec les grands rois, pouvoient traiter avec eux.*

Jules ROMAIN.

Son Portrait peint par lui-même.

L'Adoration des Bergers.

Le Triomphe de Titus et de Vespasien.

La Circoncision de Notre-Seigneur.

Vulcain et Vénus.

Trois hommes à cheval vêtus à la romaine.

Une Figure en grisaille.

Deux Boucliers peints en camayeu; savoir
l'Enlèvement d'Hélène, et un Combat naval.

Dominique FETI.

L'Ange gardien qui conduit Tobie, Loth et ses
deux filles.

Tableau peint sur un morceau de lapis.

La Mélancolie.

L'Homme condamné au travail.

Une Tête de Soldat.

Un Portrait, costume polonois.

Deux Soldats; l'un à demi-corps, et l'autre
buvant dans un bocal.

Le Buisson ardent.

Michel-Ange des BATAILLES.

Un Opérateur italien.

Jean-François ROMANELLI.

Moïse sauvé des eaux.

Les Filles de Jethro.

Le Passage de la mer Rouge.

Le Miracle des Cailles.

La Manne dans le désert.

Le Frappement du Rocher.

Le Veau d'or.

Minerve assise sur un Trophée d'armes.

Plusieurs plafonds au Louvre et à la Bibliothéque royale.

Charles MARATTE.

L'Adoration des Bergers.
Saint Jean prêchant dans le désert.
Apollon et Daphné.
Le Mariage de sainte Catherine.
L'Enfant Jésus accompagné de la Vierge et de
sainte Catherine.

Ciro FERRI.

Une Allégorie à la gloire de Louis XIV.

ÉCOLE VÉNITIENNE.

Jean BELLIN.

Son Portrait peint par lui-même, avec celui de
son frère.

André MANTEIGNE.

La Sainte Vierge et l'Enfant Jésus.

Les DOSSES.

Deux frères natifs de Ferrare, élèves de *Lorenzo Costa* ;
ils furent employés long-temps par Alphonse duc de Ferrare. Leurs ouvrages sont rares en France.

La Circoncision de Notre-Seigneur.
La Sainte Famille.
La Madeleine chez Simon le Pharisien, aux pieds
de Jésus-Christ.

TITIANO VECELLI.

Le Portrait de François Ier.

Le Portrait d'un homme vêtu de noir, tenant un gant.

Un autre Portrait vêtu de noir.

Tarquin et Lucrèce.

Persée et Andromède.

La Maîtresse du Titien.

Une Vierge.

L'Enfant Jésus.

Sainte Agnès et saint Jean.

Une Vierge avec son fils, et deux Anges.

Une Sainte Famille avec saint Jean.

Saint Jérôme à genoux dans une grotte.

Les Pèlerins d'Emmaüs.

La Madeleine.

Jésus-Christ porté au tombeau par ses disciples.

La Vierge.

L'Enfant Jésus.

Sainte Catherine, appelée *la Vierge au lapin blanc*.

Ecce Homo entre deux soldats.

La Vierge avec l'Enfant Jésus.

Saint Étienne.

Saint Ambroise et saint Marc.

Le Portrait du marquis de Guasco avec une Femme et un Amour.

Le Concile de Trente.

Le Portrait d'un Homme qui tient une lettre.

(243)

Deux Portraits, dont l'un représente un vieil-
ard.

Jupiter amoureux d'Antiope, et transformé en
atyre.

Ce tableau a été envoyé par Philippe V à Charles Ier, roi
'Angleterre ; il a passé en France à la mort de ce prince.

LE GIORGION.

Saint Sébastien.

Saint Joseph.

Sainte Catherine avec la Vierge tenant son fils.

La Vie pastorale, et les différents âges de
'Homme.

Hérodiade tenant la tête de saint Jean.

Le Portrait de Gaston de Foix, duc de Nemours :

Neveu de Louis XII, tué à vingt-quatre ans, en poursuivant un gros de l'armée espagnole, après avoir gagné la
bataille de Ravenne, en 1512.

Un Concert champêtre.

La Comédie sous la figure d'une femme.

Deux Joueurs d'instruments.

PORDENONE.

Saint Pierre, demi-figure, tenant un livre et
des clefs.

Le Portrait d'un Homme en fourrure.

Sébastien del PIOMBO.

La Visitation de la Vierge (sur bois).

Portrait de Baccio Bandinelli, peintre et sculpteur florentin.

Jacques DA PONTE, dit LE BASSAN.

Jésus au tombeau.

Jésus portant sa croix.

La Flagellation.

La Nativité.

Noé faisant construire l'Arche.

Noé faisant entrer les animaux dans l'Arche.

Noé offrant un sacrifice.

Les Noces de Cana.

Le Déluge.

La Vendange.

Les Pèlerins d'Emmaüs.

Le Frappement du Rocher.

Jacques TINTORET.

Le Portrait d'un Homme tenant un mouchoir.

Le Portrait d'une Vénitienne.

Suzanne avec les Vieillards.

Le Portrait d'un homme, appelé *la Longue Barbe.*

La Madeleine aux pieds de Jésus.

Jésus-Christ chez Simon le Pharisien.

Notre-Seigneur faisant la cène avec ses disciples.

La Descente de Croix.

Le Martyre de saint Étienne.

André SCHIAVONE.

Saint Jérôme, fond de paysage.

Paul VÉRONÈSE.

Les Pèlerins d'Emmaüs.

Judith et Holopherne.

Rebecca qui donne à boire aux chameaux d'Isaac en présence d'Éliézer son serviteur.

Betsabée sortant du bain.

Le Martyre de saint Maurice.

Jésus-Christ guérissant la belle-mère de saint Pierre.

La Nativité.

Le Crucifiement de Notre-Seigneur.

Le Christ au tombeau.

L'Hémoroïsse de l'Évangile.

L'apparition de Jésus-Christ à saint Pierre et à saint Paul.

Le Portement de Croix.

L'Entrée de Henri III dans Venise, à son retour de Pologne.

Vénus et Adonis.

L'Adoration des Mages.

La Vierge enlevée par des Anges.

Moïse sauvé des eaux.

Deux tableaux du même sujet avec des changements.

Esther chez Assuérus.

Persée et Andromède.

Sainte Famille.

Cinq tableaux du même sujet ; dans quelques-uns on voit plusieurs saints et saintes.

Le Banquet chez Simon le Pharisien.

Tableau qui étoit placé, à Versailles, dans le salon d'Hercule. Il a été donné à Louis XIV, en 1665, par la république de Venise.

PALME le Vieux.

Jésus-Christ au tombeau.
La Vierge et l'Enfant Jésus.
Saint Joseph avec un jeune homme à genoux.
La Sainte Famille, composition de huit figures.

PALME le Jeune.

Le Christ couronné d'épines.

Alexandre VÉRONÈSE.

Le Mariage de sainte Catherine.
Le Déluge.
Judith portant la tête d'Holopherne.

Ce dernier a été acheté pour le roi 449 liv., à la vente de l'abbé Guillaume, en 1769.

Paris BORDONE.

Un Portrait de femme vêtue de rouge, et vue jusqu'aux genoux.

On croit que c'est la nourrice d'un prince de la maison de Médicis.

Un Portrait d'Homme vêtu d'une robe fourrée, la main gauche appuyée sur une table, et de l'autre tenant une lettre.

Jérôme MUTIAN.

L'Incrédulité de saint Thomas.

L. LOTTO,

Élève de Giorgion, associé dans plusieurs grands travaux avec Jacques Palme, artiste peu connu en France.

La Femme adultère.

On ne voit plus ce tableau dans la nouvelle Collection de France.

M. ROSSELLI.

David tenant la tête de Goliath.

Adam et Ève chassés du paradis terrestre.

On ne voit plus ces tableaux dans plusieurs des notices de la nouvelle Collection de France.

ÉCOLE LOMBARDE.

François PRIMATICE.

Ce savant artiste a orné de peintures admirables la salle des Cent-Suisses à Fontainebleau, sous François I.er, en société avec *Maître Roux* et *Salviati.* Après la mort de François I.er il fut employé par Henri II, François II et Charles IX ; c'est lui qui apporta de Rome cent vingt-cinq figures antiques, quantité de bustes, et les creux de la colonne Trajane, du Laocoon, de la Vénus de Médicis, de la Cléopâtre, et de beaucoup d'autres figures, dont la plupart furent jetées en bronze et placées au palais de Fontainebleau. C'est encore sur les dessins de ce fameux artiste qu'on a élevé le magnifique tombeau de François I.er, monument digne des plus beaux siècles d'Athènes et de Rome.

Antoine CORRÈGE.

Jupiter en satyre, et Antiope endormie.

Ce tableau a long-temps orné l'exposition publique du Luxembourg.

Une Vierge , l'Enfant Jésus , saint Joseph et saint Jean.

Saint Jérôme.

Saint Jérôme qui tient un rouleau de papier.

La Madeleine qui baise les pieds de l'Enfant Jésus.

Ecce Homo couronné d'épines.

L'Homme sensuel.

La Vertu héroïque couronnée par la Gloire.

Le Mariage de sainte Catherine.

Tableau gravé par Étienne Picart.

FRANÇOIS PARMESAN.

Une Vierge et sainte Élizabeth.

La Vierge.

L'Enfant Jésus.

Saint Jérôme.

Un Ange.

Un Évêque.

Louis CARRACHE.

La Nativité du Sauveur.

L'Adoration des Rois.

L'Histoire d'Omphale.

L'Annonciation.

La Vierge tenant l'Enfant Jésus.

Annibal CARRACHE.

Saint Sébastien.

Saint Jean prêchant dans le désert.

Un Paysage où l'on exécute un concert sur l'eau.

Le Sacrifice d'Abraham.

Absalon suspendu.

Le Portrait du médecin Boissy.

La Prière au jardin.

Une Noce de village.

Martyre de saint Étienne.
Deux tableaux du même sujet.

L'Assomption de la Vierge.

La Vierge, l'Enfant Jésus dormant.

L'Annonciation.

Un Paysage où l'on voit un Ermite regardant une image.

Saint Jean : tableau intitulé *le Silence*.

Herminie tenant une houlette (fond de pay-sage).

Jésus-Christ qu'on descend au tombeau.

La Résurrection de Jésus-Christ.

La Nativité.
Deux tableaux du même sujet.

La Pêche.

Le Déluge.

MICHEL-ANGE DE CARRAVAGE.

Le Portrait du grand-maître Vignacourt, en pieds.

La Mort de la Vierge.

Saint Jean-Baptiste.

Une Bohémienne qui dit la bonne aventure.

LE GUIDE.

Une Charité romaine.

La Madeleine pleurant devant le Crucifix.
Deux tableaux du même sujet.

Une tête de Christ couronné d'épines.
Samson et Dalila.
La Vierge et l'Enfant Jésus endormi.
L'Union du Dessin et de la Couleur.
Jésus-Christ au jardin des Olives.
La Couseuse vêtue de blanc, autrement la Vierge assise travaillant au linge, accompagnée de trois Anges.
Deux tableaux du même sujet.
Une Vierge et l'Enfant Jésus, et saint Jean qui lui baise les pieds.
Saint Jean dans le désert.
Saint François en méditation.
Hercule enlevant Déjanire.
Hercule tuant l'hydre.
Hercule combattant Achéloüs.
Hercule sur le bûcher.
La Fuite en Égypte.
Saint Sébastien.
Trois tableaux du même sujet.
Saint Jean.
La Madeleine.
Une Sibylle.
Jésus-Christ et la Samaritaine.
La Vierge, son fils, et sainte Catherine.
La Vierge à l'oiseau.
Un Enfant jouant avec des tourterelles.
David tenant la tête de Goliath.

François ALBANE.

Adam et Ève chassés du paradis terrestre.

La Chasteté de Joseph.

L'Annonciation de la Vierge.

Deux tableaux du même sujet.

La Vierge et l'Enfant Jésus, à qui des Anges présentent des fleurs.

Une autre Sainte Famille.

Saint Jean prêchant dans le désert.

Le Baptême de Notre-Seigneur.

L'Apparition de Jésus-Christ à la Madeleine.

Dieu le Père dans sa gloire.

La Charité accompagnée de trois enfants.

Le Triomphe de Cybèle.

Latone, fille de Cœus et de Phœbé, et ses aventures.

Vénus et Adonis.

Vénus et Adonis arrêtés par l'Amour.

Vénus se fait parer par les Grâces pour charmer Adonis.

Bains de Diane.

Diane irritée du triomphe de Vénus, profite du sommeil des Amours pour les désarmer.

Sommeil de Vénus, ou nouveau piége qu'elle tend au cœur d'Adonis.

Apollon et Daphné.

Salmacis et Hermaphrodite.

Apollon gardant les troupeaux d'Admète.

Ulysse et Circé.

Jean LANFRANC.

Saint Augustin.

Saint Guillaume à genoux devant Jésus-Christ qui couronne Marie.

Plusieurs Anges paroissent dans une gloire.

Saint Pierre et saint Paul se séparant pour aller au martyre.

Agar et Ismaël son fils, dans le désert.

Diane et Pan, fond de paysage.

Vénus faisant forger des armes par Vulcain.

Mars et Vénus.

LE DOMINICAIN.

Renaud et Armide.

Timoclée devant Alexandre après le sac de Thèbes.

Un Paysage avec des Pêcheurs.

Adam et Ève chassés du paradis terrestre.

L'Amour traîné dans un char.

Le Ravissement de saint Paul.

La Vierge à la coquille.

La Vierge avec saint Antoine de Padoue.

Hercule qui tire Cacus de sa caverne, fond de paysage.

David célébrant les louanges de Dieu.

Sainte Cécile chantant les louanges du Seigneur.

Énée sauvant son père Anchise de l'embrasement de Troye, accompagné de Créuse et du jeune Ascagne.

Un Concert de musique.

La Madeleine.

Hercule combattant Acheloüs.

Saint Augustin lavant les pieds à Jésus-Christ, sous la figure d'un pèlerin.

La Sainte Famille.

LE GUERCHIN.

Saint Jérôme, grandeur naturelle.

Saint Jérôme s'éveillant au bruit de la trompette.

La Vierge.

Saint Pierre pénitent.

Circé tenant un vase d'or.

Hercule combattant l'Hydre.

Des Femmes au bain.

Loth et ses Filles.

Acheté pour le roi 410 liv., à la vente de l'abbé Guillaume, en 1769.

PIERRE FRANÇOIS MOLE.

La Sainte Famille.

Saint Jean prêchant dans le désert, fond de paysage.

Saint Bruno dans le désert.

Herminie, princesse d'Antioche, sous l'habit de bergère, écrit sur un arbre le nom de Tancrède, son amant.

Tancrède secouru par Herminie.

CHARLES CIGNANI.

Descente de Croix.

Notre-Seigneur qui apparoît en jardinier à la Madeleine.

ÉCOLE GÉNOISE.

LE BENEDITTE DE CASTIGLIONE.

La Nativité.

Notre-Seigneur qui chasse les Vendeurs du temple.

Deux Paysages représentant des roches et des marches de voyageurs et d'animaux.

LE BACHICHE.

Une Prédication de saint Jean.

ÉCOLE NAPOLITAINE.

LE CALABROIS.

Le Veau d'or.

Napol SALVATOR ROSA.

Saül en guerre contre David, consulte l'ombre de Samuel pour en connoître l'issue.

ÉCOLE ESPAGNOLE.

Diego VELASQUEZ.

Les Portraits des princes de la maison d'Autriche, depuis Philippe Ier jusqu'à Philippe IV.

On ignore le sort de cette collection de portraits.

Joseph RIBEIRA, dit L'ESPAGNOLET.

La mort de la Vierge.

Une Bohémienne disant la bonne aventure.

Don BARTHOLOMÉ ESTEBAN, dit MURILLO.

La Vierge, assise, tient sur ses genoux l'Enfant Jésus, qui joue avec un chapelet.

Un jeune Mendiant; il est assis sur une natte, et cherche la vermine qui le ronge.

Ce tableau a été acheté pour le roi 3,600 liv., à la vente de M. de Saint-Foix, en 1776.

Les Noces de Cana.

Acheté pour le roi 6,432 liv., à la vente de l'abbé Guillaume, en 1769.

~~~~~~

ÉCOLE FRANÇOISE.

CETTE partie des tableaux de la Couronne a beaucoup souffert des injures de la révolution. La censure de la nouvelle école, en présidant au choix de tout ce qui devoit en être conservé, a peut être porté trop loin la réforme. Un grand nombre méritoit sans doute une critique sévère, mais en les vouant au mépris, par des encans scandaleux, elle a flétri des mémoires utiles à conserver, et elle a privé du surplus de la capitale des milliers de basiliques en France, dont les murailles sont entièrement nues. Les tableaux qui décoroient l'École royale militaire, et qui ont coûté près de 36,000 livres au roi, pour l'encouragement de leurs auteurs, ont été adjugés à vil prix; plusieurs sont encore dans les greniers du commerce, sans destination;
~~~~~~

d'autres tableaux ont tristement alimenté la brocante des rues et des quais de Paris : enfin, il en est qui n'ont pu échapper à la fureur des iconoclastes, et dont on ne retrouve même pas les lambeaux.

Tous les ouvrages *ex professo* sur les tableaux de l'école françoise appartenant à la Couronne, sont si incomplets et dans un tel désordre, que j'ai cru nécessaire de publier la connoissance que j'en ai acquise par mes recherches, tâche qui semble même être commandée par le besoin de rendre solennelle la protection spéciale que plusieurs de nos rois ont accordée aux artistes, et les travaux immenses qu'ils ont ordonnés pour la décoration des palais du gouvernement.

L'ordre que je me suis imposé dans cette nomenclature des tableaux de l'école françoise, m'entraîne encore à indiquer les lieux et places qu'ils occupoient en 1788.

Martin FREMINET.

Noé fait entrer les animaux dans l'Arche.

La chute des Anges.

Notre-Seigneur environné des puissances célestes dans un temple orné de colonnes.

L'Ange Gabriel.

La Création de l'homme.

Plafond de la chapelle de Fontainebleau, partagé en plusieurs compartiments : peintures admirables, qui rappellent le Parmesan et Michel-Ange.

Simon VOUET.

La Flagellation de Notre-Seigneur.

Une Sainte Famille (à Versailles).

Jupiter armé de la foudre et suivi d'Éole.

Junon et Iris.

Neptune et Amphitrite.

Cérès accompagnée de deux enfants (à Fontainebleau).

La Sainte Trinité.

La Victoire assise sur un faisceau d'armes.

Une autre Victoire tenant une palme.

La Renommée avec une couronne de laurier (à
Saint-Germain-en-Laye).

Vénus essayant un dard.

L'Amour lançant une flèche à Vénus (château
de la Muette).

Notre-Seigneur en croix , avec la Vierge , la Madeleine et saint Jean.

Jésus-Christ dans le jardin des Oliviers.

La Victoire ayant un drapeau à la main (au
Garde-Meubles , à Paris).

La Renommée couronnée de lauriers , tenant
entre ses bras Louis XIII encore enfant (Galerie
d'Apollon).

Hercule et Omphale (au Luxembourg).

François PERRIER.

Acis et Galatée (à Versailles).

Nicolas POUSSIN.

Le Triomphe de Flore.

L'Enlèvement des Sabines.

Le Jugement de Salomon.

J'ai déjà dit quelque part que ce tableau est une copie même foible, et je persiste dans mon opinion.

Un Paysage où on voit Diogène.

Le Ravissement de saint Paul.

Notre-Seigneur qui guérit les aveugles de Jéricho.

Rebecca au puits.

Moïse sauvé des eaux (deux tableaux).

Le Miracle de la manne.

La Mort d'Ananie et de Saphire.

La Femme adultère.

La Vierge et Saint-Jacques, ou Notre-Dame *de Pilas.*

Le Poussin avoit peint ce tableau pour les Pays-Bas.

Une Sainte Famille.

Les Philistins attaqués de la peste.

Les Pasteurs d'Arcadie.

L'Enlèvement du jeune Pyrrhus.

Deux Bacchanales.

Moïse changeant la Verge en serpent.

Moïse foulant aux pieds la couronne de Pharaon.

La Vierge et l'Enfant Jésus.

Saint Jean et saint Joseph.

L'Assomption de la Vierge.

Le Baptême de saint Jean.

Mars et Vénus.

Les Quatre Saisons, paysages ; l'un d'eux est le fameux Déluge.

Huit grands Paysages historiques (faisant des dessus de portes).

Orphée et Euridice.

Jésus-Christ qui communie les Apôtres.

La Mort d'Adonis.

La Mort de Narcisse.

Le Temps qui délivre la Vérité du joug de la Colère et de l'Envie.

L'amateur de Julienne a fait présent de ce tableau au roi ; et presque tous les autres susnommés ont été acquis par le roi aux ventes du duc de Richelieu, de Chantelou, du maréchal de Créqui, de la duchesse d'Aiguillon, de Lisle Sourdière, du président de Bellièvre, de Dreux, marquis de Segnelai; Passart, maître des comptes; Pointel, Lumagne, Scarron, Harlay, Mauroy, intendant des finances; Moreau, premier valet de chambre du roi; Stella, et autres amateurs du témps, pour qui le Poussin les avoit faits, ou qui les possédoient d'ailleurs dans leurs Collections. *Les quatre Saisons*, dont *le Déluge* fait partie, viennent du duc de Richelieu.

Jacques STELLA.

Sainte Anne qui mène la Vierge au temple.

Saint-Louis donnant l'aumône aux pauvres (à Saint-Germain-en-Laye).

Minerve et les Muses (à la ménagerie de Versailles).

VALENTIN.

Les Quatre Évangélistes, quatre tableaux.

Jésus-Christ ordonnant de rendre le tribut à César.

Judith tenant la tête d'Holopherne.

Une Bohémienne disant la bonne aventure à un Espagnol.

Le Jugement de Salomon.

Suzanne et les Vieillards.

Saint François soutenu par des Anges.

Deux Concerts.

Deux Tableaux représentant des Joueurs de Cartes.

Claude GELÉE, dit LE LORRAIN.

Le Siége de La Rochelle.

La Prise du Pas-de-Suze.

Un Paysage avec des animaux.

Un Port de mer avec un Soleil couchant.

Une Fête de village.

Le Débarquement de Cléopâtre.

Un Palais où Samuel oint David.

Un Palais sur le bord de la mer.

Un Paysage où des vaches et des moutons traversent une rivière.

Un Morceau d'architecture, et dans le lointain un Port de mer.

Jésus-Christ tenté dans le désert.

Un Paysage où l'on voit une femme, des vaches et des chèvres.

Laurent de LA HIRE.

Un Superbe Crucifix (à Versailles).

Nicolas MIGNARD.

Apollon assis sur des nuages.

Apollon tirant de l'arc sur les Cyclopes.

Diane exerçant sa vengeance sur les enfants de Niobé.

Le Supplice de Marsyas (aux Tuileries , plafond et décorations de la chambre du roi).

Pierre MIGNARD , surnommé MIGNARD LE ROMAIN.

Jésus-Christ portant sa croix au Calvaire.

L'Espérance et la Foi , accompagnées de plusieurs enfants.

Sainte Cécile.

La Sainte Famille.

La Samaritaine.

La Vierge couverte d'un voile blanc.

Ecce Homo (à Versailles).

Saint Matthieu l'évangéliste.

Saint Luc peignant la Vierge , où est Mignard tenant une palette et des pinceaux.

Le Portrait du comte de Toulouse (au château de Trianon).

Neptune offrant ses richesses à la France (à Compiègne).

Le Portrait de madame de Fontanges (au garde-meubles de Versailles).

La Famille de Monseigneur.

Le Portrait de Louis XIV, en pieds.

Le même , à cheval.

La Famille de Darius.

Quatre Sujets représentant les Muses.

Quatre Sujets allégoriques , figures grandes comme nature (galerie d'Apollon , au Louvre).

Saint François dans le désert.

Apollon dans son char , avec quatre morceaux qui représentent les Saisons.

La Chasse.

Le Bain.

Le Sommeil.

La Toilette de Diane.

L'Aurore et Morphée (plafond).

Mars et Vénus enveloppés dans les rets.

Les Cyclopes (Galerie du château de Saint-Cloud).

Sébastien BOURDON.

Un Homme qui tient une lettre.
Saint Sébastien.

Eustache LE SUEUR.

La Magnificence; elle est couronnée : d'une main elle tient une corne d'abondance, de l'autre un plan d'architecture ; l'Histoire est à côté d'elle qui écrit sur un livre soutenu par Saturne.

Hercule , appuyé sur la Vertu , foule aux pieds la Volupté.

Le Mérite couronné par la Vertu.

Le Christ que les bourreaux attachent à la colonne.

Les vingt-quatre tableaux qui décoroient autrefois le cloître des Chartreux , à Paris : ils représentent *l'Histoire de saint Bruno* , fondateur de

et ordre. En 1776, l'ordonnateur des bâtiments
a fit retirer du cloître pour en orner la galerie
du Louvre, au grand regret des moines qui eurent
autant à se plaindre de la perte qu'ils faisoient, que
de la manière dont on leur enlevoit une propriété
qu'ils tenoient de la munificence de la reine-mère.
Comme ces tableaux avoient beaucoup souffert,
l'artiste Pierre, premier peintre du roi et directeur
de l'Académie, en ordonna la restauration. Ils
furent d'abord enlevés de dessus le bois, où ils
étoient peints, pour être mis sur toile, et confiés
dans cette opération et toutes celles qui doivent
s'ensuivre, à des mains inhabiles qui les ont dé-
gradés. Plus tard on a essayé de nouvelles réparations qui ne sont pas meilleures : plusieurs même
de ces tableaux, qui ornent la galerie des Pairs de
France, sont maintenant tout-à-fait défigurés.

Charles LE BRUN.

Le Plafond de la grande Galerie de Versailles,
représentant, en neuf grands tableaux et en dix-
huit petits, l'histoire politique et militaire de
Louis XIV.

Le portrait de Louis XIV, à cheval.

Le fameux Crucifix entouré d'Anges.

L'Esquisse de la Franche-Comté.

Le Silence.

La Nativité.

Les Filles de Jethro.

Le Mariage de Moïse avec Séphora.

·La Prière au jardin.

L'Élévation en Croix.

La Flagellation.

Le roi recevant les ambassadeurs de Siam (cabinet du roi à Versailles).

Saint Jean l'évangeliste (à Trianon).

La Défaite de Porus.

Le Passage du Granique.

La Bataille d'Arbelles.

Le Triomphe d'Alexandre.

La Défaite de Darius, cinq tableaux connus sous le nom de *Batailles d'Alexandre*) à Versailles et dans la Galerie d'Apollon, au Louvre).

Le Triomphe de Neptune et d'Amphitrite.

Le Triomphe de Flore.

Le Triomphe de Diane.

Le Sommeil avec ses attributs (Galerie d'Apollon).

JACQUES COURTOIS, DIT BOURGUIGNON.

Josué qui fait arrêter le Soleil.

Moïse qui prie pendant le combat des Amalécites.

La Bataille d'Arbelles.

NOEL COYPEL.

Apollon appuyé sur sa lyre.

Apollon près d'un fleuve.

Borée.

La Terre.

Zéphire et les Amours.

Bourse de Londres, le mont Calvaire, à Cologne, et autres monuments semblables, qui donnent sommairement les sujets dont se composent les précieux tableaux de Van der Heyden,
qui sont inappréciables quand ils sont d'une
belle conservation. J'en citerois même plusieurs
qu'on ne payeroit pas en les couvrant d'or.
Adrien Van den Velde, en les enrichissant de
figures, n'a pas peu contribué à leur éclat.

Une jolie Maison sur le bord d'un canal, figures par A. Van den Velde (Coll. du comte de
Vence); *Vue de la ville de Clèves*, figures et
animaux par A. Van den Velde (Coll. du comte
de Vence); *Village près duquel passe une rivière
traversée par un pont* (Coll. de Julienne), *Vue
d'une ville de Hollande*, *Vue de divers monuments d'architecture* (Coll. de La Bouexière),
Vue de la ville de Delft, *l'Entrée de la ville de
Cologne*, *le Château de Rolindal*, figures et animaux par A. Van den Velde (Coll. de Blondel
de Gagny); *Vue de Rome* (Coll. de l'électeur
Palatin), *Vue du Marché neuf*, et de *la Maison
du poids public d'Amsterdam* (Coll. de Jacques
Bierens, même ville); *Vue de plusieurs églises*
(Coll. de Leers, à Rotterdam); *Paysage, dans
le fond une des portes de la ville d'Amsterdam*
(Coll. de Bisschop); *Vue de la Maison de ville
d'Amsterdam, avec sa place et les édifices qui*

l'environnent, figures d'Adrien Van den Velde; *la Place d'une petite ville de Hollande, avec l'église dans le fond*, figures *ibid.*; *Vue des Portes de la ville d'Anvers, avec le derrière de l'église des Jésuites*, figures *ibid.*; *Vue d'un Village situé sur le bord d'un canal*, figures et barques de Guillaume Van den Velde (Coll. de France).

Toutes nos recherches pour trouver des talents analogues à ceux de Van der Heyden, parmi les peintres de sa nation, ont été inutiles : nous n'osons point hasarder de dire qu'il n'en existe point, mais nous croyons pouvoir affirmer qu'il sera bien difficile d'en trouver après nous. Les artistes qui s'en approchent, à l'égard du choix, sont en grand nombre.

ULST (*Jacques Van der*), né à Gorkum vers l'an 1627, pourroit, à beaucoup d'égards, figurer à côté de Van der Heyden. Il a laissé des vues d'Amsterdam et des vues d'Italie, qui réunissent parfois ce mérite d'illusion qu'on admire dans le maître. Le grand nombre de figures dont il enrichissoit ses tableaux caractérise, d'une manière satisfaisante, le rassemblement de diverses nations. On lui fait le reproche d'avoir copié, d'après des gravures, ses vues d'Italie; quoi qu'il en soit, ses copies, puisqu'on les désigne ainsi, montrent l'intelligence d'un artiste scrupuleux qui ne néglige rien pour at-

teindre les belles formes de l'architecture antique. Son coloris est excellent, et sa touche fine,
légère, répand sur tous les objets imités de l'esprit et du goût; et dans son choix il est aussi
heureux que dans son exécution. Les bons ouvrages de Van der Ulft sont peu connus en
France.

*Une Place bordée de monuments d'architec-
ture, avec un grand nombre de figures* (Coll. de
Blondel de Gagny); *Vue d'Italie* (Coll. de Fagel), *Vue de la ville de Gorkum :* la rivière est
chargée de vaisseaux (Coll. de Lormier); *Monuments de Rome,* figures dans le costume italien de son temps (Coll. de Van Heteren); *un
Port de mer d'Italie :* on y charge et décharge
des marchandises, beaucoup de vaisseaux et
beaucoup de figures (Coll. de Half Wassenaer);
Entrée d'un Personnage illustre dans Rome (Coll.
de Verschuuring), *Construction de l'hôtel-de-
ville d'Amsterdam, deux Ports de mer d'Italie*
(Coll. de Van Bremen), *Vue peinte à gouache
de l'hôtel-de-ville d'Amsterdam :* à droite on voit
l'édifice appelé *le Poids public* (Coll. de France).

Enfin on pourroit encore rappeler ici l'artiste
Abraham Storck, qui a laissé des vues de plusieurs monuments d'Amsterdam, toutes d'une
couleur satisfaisante, et très spirituellement exécutées.

ELZHAIMER (Adam).

ELZHAIMER (*Adam*), surnommé *Tedesco*, né à Francfort en 1574, mort à Rome sous le pontificat de Paul V, en 1620, élève de Philippe Offenbach.

Le mérite du dessin et du coloris, la finesse de l'exécution, font la gloire d'Adam Elzhaimer, et d'autant plus grande, qu'elle a été le véhicule de celle de Bamboche et de David Téniers le jeune. On admire dans les compositions de ce peintre, un heureux choix, de l'ordonnance, et une belle distribution des objets, des masses et du clair-obscur. Presque tous ses tableaux sont en petit ; ils n'en sont que plus brillants et plus piquants. Sa touche spirituelle, fondue, caractérise toujours avec art la nature des objets qu'il se propose d'imiter. Dans le paysage il est excellent ; les figures accessoires y sont pleines d'actions. Dans les effets de lune il est admirable, et le premier en date qui ait découvert l'art de nuancer jusqu'à l'illusion la réfrangibilité des lumières argentines qui rejaillissent de la lune sur notre globe. Les différents genres qu'il a parcourus dans la peinture se trouvent dans la principale partie de ses travaux que nous allons citer : *Tobie conduit par l'Ange*, et suivi d'un petit chien qui paroît sauter d'une pierre à une autre ; *Latone avec ses enfants*, au bord du marais où les paysans paroissent métamorphosés en grenouilles pour lui avoir refusé des secours ; *Céphale panse la plaie de Procris* : effet de nuit; des satyres et des dryades font du feu à l'entrée d'un bois. On cite comme un trait de génie de notre artiste, son tableau intitulé *le Désir et la Jouissance*, ainsi que la variété et la justesse d'expression des Vertus et des Vices qui font l'objet de cette composition. Le tableau qui passe pour son chef-d'œuvre représente *une Fuite en Egypte*, effet de nuit. Saint Joseph, conduit par l'âne, tient de la main gauche une branche de pin allumée qui lui sert de flambeau en traversant un gué enrichi de beaucoup de plantes aquatiques; dans le lointain, près d'une épaisse forêt et sur les bords d'une mare, des bergers se chauffent en gardant leurs troupeaux : la voie lactée, au-dessus d'un bel horizon semé d'étoiles, éclaire la plaine. Ce tableau a été gravé par de Goudt, gentilhomme d'Utrecht, qui a encore gravé plusieurs compositions de ce maître.

Saint Jean prêchant dans le désert, le paysage par Poelemburg; *la Fuite en Égypte*, clair de lune; *le bon Samaritain* (Coll. de France).

IMITATEURS.

Goudt (*Henri de*), natif d'Utrecht, comte Palatin, a été un des plus fidèles imitateurs d'Adam Elzhaimer. M. de Piles écrit *Gau*, d'autres écrivent *de Gaud*, et c'est le plus grand nombre : nous adoptons le nom de *Goudt*, qui nous paroît plus exact, avec d'autant plus de raison, que M. de Piles est souvent en défaut sur l'orthographe des noms propres. Les ouvrages de cet amateur sont répandus dans plusieurs Collections de l'Europe : on en attribue quelques-uns au maître dont il a saisi très souvent et en perfection la manière. Dans l'ancienne Collection d'Orléans on voyoit de lui : *un Paysage au clair de lune, et un Effet de nuit, avec des gens qui se chauffent au bord de l'eau.* Dans la Galerie de Dusseldorf, *le Sacrifice d'Iphigénie ; Énée avec son père Anchise, fuyant l'embrasement de Troie ; Saint Jean dans le désert*, beau paysage ; *un autre Paysage*, avec figures. On ne connoît que sept pièces gravées par Henri de Goudt, d'après Adam Elzhaimer, lesquelles sont admirées des curieux, qui les recherchent avec empressement.

Thoman (*Jacques-Ernest*), né à Hagelstein en 1588, mort à Landau au service de l'empereur, et ami d'Elzhaimer pendant ses études à Rome, où il apprit à imiter ce maître dans une telle perfection, que les plus fins connoisseurs s'y trompent. Avec de l'examen on aperçoit cependant la différence qui existe entre la touche du maître et celle de l'imitateur. Thoman, avec des talents, n'eut jamais la finesse ni le goût d'Elzhaimer. Ses ouvrages sont peu répandus dans nos Collections.

ANALOGIES.

Néer (*Aert* ou *Arthus Van der*), né à Amsterdam en 1619, mort en 1683.

Cet artiste a poussé très loin le talent de peindre des clairs de lune, et de rendre avec le plus grand art les teintes indécises et vagues de l'obscurité. Cette recherche des teintes fugitives de la nuit ne l'a point empêché d'être riche et abondant dans ses compositions. Ses paysages délicieux offrent ordinairement des sites plats. Aert Van der Néer a aussi imité les nuances glaciales de l'hiver, et les divertissements que prend la jeunesse dans cette saison.

Un Hiver : on y voit un canal glacé couvert de traîneaux et de patineurs.

Mojaert (*Class - Nicolas*), né en Hollande vers 1600, florissoit encore en 1624.

Cet artiste fut un des plus grands imitateurs

d'Adam Elzhaimer; il a laissé plusieurs tableaux que l'on confond souvent avec ceux du maître. Il eut encore la gloire d'avoir formé dans son école de grands artistes : Nicolas Berghem, Jacques Van der Does, Salomon Koningk et Jean-Baptiste Weenix.

Loth et ses filles, tableau dans le goût d'Elzhaimer : Mojaert en a fait une eau-forte; *Paysage avec des animaux*, où se voit, à droite, un taureau, au milieu, trois moutons, et dans le lointain, des bestiaux de diverses espèces. Basan, trompé par la différence d'orthographe que les auteurs emploient pour écrire le nom de cet artiste, en a fait deux, qu'il nomme, l'un, *Moyard*, et l'autre, *Moojaert;* Descamps écrit *Moyard*, seulement en parlant de Berghem, comme ayant été le maître de ce dernier; car il n'en dit pas un mot ailleurs. Il a fait beaucoup d'autres omissions plus importantes.

WERFF (Adrien Van der).

WERFF (*Adrien Van der*), né à Kralinguer-Ambacht, près de Rotterdam, en 1659, mort dans la même ville en 1722, élève d'Eglon Van der Néer. Il est surnommé *le chevalier Van der Werff*.

Cet artiste est un de ceux qui a poussé plus loin le fini précieux du pinceau ; et le temps qu'il apportoit à ce soin a singulièrement refroidi le premier jet de sa pensée, surtout dans ses petits tableaux d'histoire. Peu versé dans les connoissances anatomiques, son dessin est rempli de fautes graves, surtout lorsqu'il peint le nu ; ses draperies, largement disposées et pliées avec art, rétablissent heureusement l'ensemble de ses figures, mais elles ne dérobent point le défaut que nous lui reprochons. La grâce, la *morbidezza*, l'harmonie, font tout le charme des tableaux du chevalier Van der Werff : ils étoient sans prix de son temps, et ils ne sont pas moins estimés de nos jours quand ils offrent une belle conservation. De son vivant, notre artiste a vu ses tableaux s'élever, en vente publique, jusqu'à 16,000 florins, et l'histoire des ventes nous en indique plusieurs aux prix de

2,500, 4,200, 5,500, et 6,000 florins, argent de Hollande. L'électeur Palatin, pour lequel il a été fort occupé, a signalé d'une manière spéciale ses talents, en le comblant de richesses, d'honneurs et de présents. Ce prince le créa chevalier, transmit ce titre à ses descendants, orna son écusson d'un quartier de ses armes électorales, le gratifia de son portrait enrichi de diamans, qu'il accompagna d'un service complet en vaisselle d'argent. Van der Werff immortalisa sa reconnoissance, en exécutant pour ce prince quinze tableaux sur les mystères de la religion, et qui sont cités comme ses chefs-d'œuvre. Van der Werff a peint l'histoire, le portrait, et des sujets puisés dans la vie privée. Tous ses tableaux la plupart sont en petit; de grandeur naturelle ils sont moins estimés.

Le Jugement de Pâris, une *Vendeuse de marée*, un *Marchand d'œufs* (ancienne Coll. d'Orléans); *l'Enfant prodigue*, composition de sept figures (Coll. du marquis de Voyer), *Saint Jérôme* (Coll. de Julienne), *Sainte Marguerite tenant un dragon* (Coll. de Blondel de Gagny), *l'Annonciation*, *la Visitation*, *la Nativité*, *la Présentation au temple*, *Jésus-Christ parmi les docteurs*, *Jésus-Christ dans le jardin*, *la Flagellation*, *le Couronnement d'épines*, *le Portement de croix*, *le Crucifiement*, *la Descente de la croix*, la Résurrection, l'Ascension, la Descente du Saint-Esprit sur les Apôtres, l'Assomption de la Vierge, la Vierge et saint Joseph, qui offrent des cerises à l'Enfant Jésus ; Adam et Ève qui pleurent la mort d'Abel, une Sainte Famille, Adam et Ève chassés du Paradis terrestre ; Sara, épouse d'Abraham, lui présente sa servante Agar ; une Madeleine, Agar chassée avec Ismael, un Ecce Homo, avec beaucoup de figures ; Vénus et l'Amour qui aiguise ses flèches, une jeune Fille qui tient une cage, et un Oiseau que d'autres enfants cherchent à prendre, un Jeu d'enfants près d'une vieille qui rit, sujet peint à la lueur d'une chandelle ; le Portrait de l'électeur Joseph-Guillaume, et celui d'Anne-Marie-Louise électrice ; un tableau allégorique où se trouvent les Portraits de l'Électeur, de l'Électrice et du Peintre (Coll. de Dusseldorf) ; le Triomphe de Bacchus et d'Ariane (Coll. de Fagel, à La Haye) ; la Samaritaine, une Madeleine, Samson près de Dalila, deux Enfants nus qui jouent, une Femme qui tient un livre (Coll. de Fagel, à La Haye) ; une jeune Femme à sa toilette, un Berger qui joue de la flûte pendant que sa Bergère danse, Saint Jérôme dans le désert, lisant dans un livre (Coll. de Van Heteren) ; un jeune Garçon qui se chauffe les mains (Coll. de Van Brémen), la Fille de Jephté qui vient en dansant au-devant de son *Père*, *un jeune Homme qui embrasse une Fille*, sujet éclairé à la chandelle : le fond du tableau est éclairé par la lune; *deux belles Esquisses*, la première surtout, que l'auteur regardoit comme une de ses meilleures productions, puisqu'il y a mis son propre cachet derrière (Coll. de Van Slingelandt); *un magnifique Portrait de femme* (Coll. de Leers, à Rotterdam); *Jésus-Christ et Saint Thomas l'apôtre* (Coll. de Bisschop). On croit que les portraits faits par Van der Werff, et qui ont servi à l'histoire de France par Larrey, sont à Londres. *La Fille de Pharaon faisant retirer du Nil le jeune Moïse; Séleucus, roi de Syrie, prêt à perdre son fils Antiochus, qui étoit tombé éperduement amoureux de Stratonice sa belle-mère, la lui accorde en mariage; la Chasteté de Joseph, les Anges annonçant aux Bergers la Naissance de Jésus, la Fuite en Égypte, deux Nymphes dansant devant un jeune faune qui joue de la flûte, Páris et la nymphe Œnone, la Madeleine dans le désert* (Coll. de France).

IMITATEURS.

WERFF (*Pierre Van der*), né à Kralinger-Ambacht en 1665, mort en 1718, élève de son frère Adrien Van der Werff.

Son plus grand mérite est d'avoir imité Adrien jusqu'à s'y méprendre : les deux frères ont même exécuté des tableaux en société, qui semblent être sortis de la même main. Les tableaux de la composition de Pierre Van der Werff ont été estimés de son temps, et chèrement payés ; ils sont très rares, et plusieurs passent pour être de la main du chevalier. Pierre, comme son frère, a peint l'histoire, le portrait, et plus souvent des sujets pris dans la vie privée.

Un Berger assis, *deux petites femmes, une dansant* ; *Notre-Seigneur mis au tombeau, une Sainte Famille :* ces deux derniers retouchés par le chevalier (Coll. de Lormier) ; *la Madeleine en prière*, précieux tableau (Coll. de Fagel, à La Haye) ; *trois petites Filles qui jouent avec des fleurs* (Coll. du prince de Hesse), *un petit Garçon et une jeune Fille qui dessinent d'après la Vénus antique, deux jeunes Filles qui attachent des guirlandes de fleurs à une petite statue de pierre ; Saint Jérôme lisant dans un grand livre :* ce dernier retouché par le chevalier (Coll. de Van Heteren) ; *Loth et ses Filles*, sujet répété deux fois : l'un d'eux retouché par le chevalier (Coll. d'Acosta et de Bisschop) ; *un Satyre près d'une Nymphe* (Coll. de Léers, à Amsterdam). Outre ces tableaux, Pierre Van der Werff a fait d'excellentes copies d'après son frère le chevalier. Sa copie d'une Sainte Famille, citée dans l'œuvre du dernier, a été payée en vente publique huit cents florins.

Le chevalier Van der Werff a formé peu d'élèves dignes de sa réputation : les plus remarquables sont : *Jean Christian Sperling*, *Bartholomé Douven*, et *Van Henri Limborch* : ce dernier est celui qui a le plus approché du maître.

ANALOGIES.

VERKOLIE (*Nicolas*), né à Delft en 1673, mort en 1746, élève de son père Jean Verkolie.

Les talents de cet artiste ont été très recherchés, les historiens en font beaucoup d'éloges, et la postérité en fait encore grand cas. Il a fait des portraits admirables; le sien propre a mérité les beaux vers de deux poètes hollandois, Feituma et Boyaert. Ses petits tableaux d'histoire et de scènes familières sont charmants, et peuvent entrer en comparaison avec les ouvrages du chevalier Van der Werff, tant pour la fonte des couleurs que pour la finesse de la touche et l'exécution flou, tendre et soignée; il a même l'avantage à l'égard du dessin. Ses ouvrages, assez répandus en Hollande, sont plus rares en France : les plus considérables sont à

Amsterdam. On cite avec éloge les sujets tirés du *Pastor fido*, dont il a orné l'intérieur d'une des maisons de cette ville.

Cléopâtre qui préside à un festin (Coll. de Lormier, à La Haye); *Moïse trouvé sur le Nil, Saint Pierre qui renie Notre-Seigneur, Bethsabée au bain* (Coll. de Léendert de Neufville), *une jolie Couturière, qu'un homme courtise de près*, sujet éclairé à la bougie (Coll. de M. Marie , à Rouen).

Verkolie se plaisoit singulièrement à peindre des effets de nuit, qu'il rendoit très piquants : il avoit l'art de porter à un très haut degré d'illusion les corps éclairés par la lumière d'un flambeau. Ses dessins exécutés à l'encre de la Chine sont très estimés, ainsi que quelques gravures en manière noire qui donne la meilleure idée du point de perfection où il auroit pu porter ce genre de gravure. Nous avons encore des tableaux de Verkolie dans le goût de Terburg, qui sont très estimés.

Philippe Van Dyck , que nous avons placé dans notre tableau synoptique des analogies de Gérard Douw, pour la finesse de son exécution, peut encore figurer à côté du chevalier Van der Werff : il est égal à ce dernier dans son choix, et le surpasse dans le coloris et les connoissances anatomiques. Le surnom de *petit Van*

Dyck qui lui a été décerné, est une justice que
la postérité se plaît à rendre à sa mémoire, et
qu'il soutient dans les tableaux ci-après :

*Sara présentant Agar à Abraham, Agar ré-
pudiée par Abraham, Judith remettant à sa servante la tête d'Holopherne, une Femme à sa
toilette, une jeune Femme pinçant de la guitare*
(Coll. de France).

HALS (François).

Hals (*François*), né à Malines en 1584, mort en 1666, élève de Charles Van Mander.

Ce grand peintre de portraits, un des plus fameux des écoles qui nous occupent et même de son siècle, nous paroît avoir été loué trop froidement par les historiens. Le portrait, d'une utilité aussi reconnue et aussi universelle que l'histoire, ne pourroit être traité plus savamment que par Antoine Van Dyck; et c'est de l'aveu même de cet illustre peintre que Hals fut le plus digne rival de ses rares talents : la gloire fut son seul mobile, jamais il ne prit le pinceau que pour s'illustrer. Un bon portrait de Hals n'a pas besoin de nom pour intéresser, il respire sous les nuances du vrai, il est plein d'âme et de vie; c'est un magnifique tableau dans une collection du premier ordre : notre artiste égale Flinck dans l'expression, il est tout près de Van Dyck dans le coloris, et s'il n'a pas sa finesse, il montre avec un avantage infini, sur beaucoup d'autres, cette *morbidezza* qui unit si intimement la hardiesse à la force, et l'incarnat de la vie au sentiment exquis du goût. Son école a produit d'excellents artistes et en grand nombre, parmi lesquels on doit citer Thierry Van Balen et Adrien Brauwer. Les villes d'Harlem et de Delft conservent ses ouvrages : à Delft, il a représenté en pied, de grandeur naturelle, les principaux membres de la compagnie du Mail : c'est un chef-d'œuvre de goût et d'expression.

Les Portraits d'un homme et de sa femme, tous les deux vêtus de noir, avec une fraise blanche (Coll. de France).

François Hals avoit un frère nommé *Dirck* ou *Thierry*, qui peignoit en petit des sujets de genre et des animaux ; rarement on le cite dans la curiosité. Les artistes qui suivent, ont marché sur les traces de François Hals avec une magnificence extérieure qui a captivé tous les regards et l'encens des poètes, mais qui n'éclipse point sa gloire.

ANALOGIES.

Baan (*Jean de*), né à Harlem en 1633, mort à La Haye en 1702, élève de Jacques Backer.

C'est une justice à rendre aux talents de cet artiste, que de le citer comme le troisième grand peintre de portraits des écoles de la Belgique, après Van Dyck et François Hals.

Il y a peu de cours en Europe qui n'aient quelques portaits de lui : dans le nombre se ouvent les portraits du *comte de Hoorn*, du *prince de Tarente*, *la duchesse de Cel*, *la reine d'Angleterre*, *plusieurs seigneurs de cette cour dans l'année 1660*, *Frédéric-Guillaume*, *électeur de Brandebourg*, *le prince d'Orange*, depuis roi d'Angleterre. Son chef-d'œuvre est le portrait *du prince Maurice de Nassau-Ziegen*; il a été payé à la fille de l'auteur, par le roi de Prusse, quatre cents risdaels. Nous voyons dans l'historien Houbraken, que de Baan eut comme tous les grands hommes, la gloire d'avoir été persécuté par des rivaux intrigants qui usurpoient dans son siècle, comme dans le nôtre, les travaux de la munificence publique, les palmes du génie, et toutes les faveurs de la fortune. Il ne faut pas oublier un trait qui honore autant sa mémoire que ses talents. Lorsque Louis XIV eut fait la conquête de la Hollande, il fit demander de Baan pour faire son portrait; le refus de l'artiste, motivé sur l'inconvenance de tracer les traits d'un conquérant au milieu de sa patrie consternée, fut la réponse que reçut le monarque à Utrecht, où il étoit alors. De Baan, par amour de sa patrie, eut encore le courage de refuser à Frédéric-Guillaume, électeur de Brandebourg, la charge de surintendant et directeur de l'académie de Prusse, avec une pension de six mille florins.

Faes (*Pierre Van der*), surnommé *Lely*, en français *Fleur-de-Lis*, parce que son père Jean Van der Faes naquit à La Haye, dans une maison ornée d'un lis; de là le surnom de Lely resté à notre artiste, né à Soërs en Westphalie en 1618, mort en 1680. Élève de Grebber qu'il a surpassé, premier peintre de Charles Ier, roi d'Angleterre, de Charles II son successeur, et créé par ce prince chevalier et gentilhomme de la chambre. Après la fin tragique de Charles Ier, quelques historiens prétendent que Lely resta au service de Cromwell, ce qui est assez probable, puisqu'il a peint le portrait de ce fameux usurpateur, la honte de l'humanité (1). Quoi qu'il en soit, le chevalier Lely, à la cour de Londres, en s'isolant de toutes les factions de la politique, soutint glorieusement ses titres; il fut estimé des grands du royaume, et ses talents fort applaudis, ont été élevés jusqu'à ceux de Van Dyck son prédécesseur, sentiment que nous ne partageons pas, tout en rendant justice à ceux du chevalier Lely. Parmi les portraits

----

(1) Je dis la honte de l'humanité, et non pas de l'Angleterre, parce que les nations ne sont jamais régicides : l'histoire n'en fournit pas d'exemples. Partout où l'on rencontre cette affreuse catastrophe du crime abruti par tous les excès du pouvoir, les factions usurpatrices en restent seules coupables aux yeux de la postérité.

qu'il a laissés, on en trouve plus de beaux que
le médiocres, le coloris en est excellent, inégal cependant, et dans sa meilleure qualité au-
lessous de celui de l'illustre Van Dyck. Les
poètes l'ont chanté dans leurs vers, surtout
Jean Vollenhove, l'ami du peintre; mais la postérité en juge plus sainement. Lely a fait des
copies admirables d'après Van Dyck : ce n'est
pas une raison suffisante pour les faire valoir
comme le type de son talent particulier, exces-
sivement reproduit dans la grande quantité des
ouvrages de son chef : voici les principaux portraits qui fondent sa gloire, *Guillaume II prince
d'Orange et sa famille, Charles Ier roi d'Angleterre, plusieurs princes et princesses de sa famille.*
On trouve dans la Collection de France, le portrait en buste, de grandeur naturelle, d'*Olivier
Cromwell; le portrait d'un homme en collet blanc
à dentelles,* miniature.

IMITATEURS.

KNELLER (*Godefroy*), né à Lubeck dans le
duché d'Holstein en 1648, mort à Londres en
1726, élève de Rembrandt, premier peintre de
Charles II, roi d'Angleterre, de Jacques II, de
Guillaume III, et de la reine Anne, qui succéda

à Guillaume. Comme son prédécesseur Lely,
Kneller a fait des portraits admirables ; un des
plus grands poètes d'Angleterre, le célèbre Pope,
a chanté ses louanges : on connoît ses vers sur
le portrait du duc d'Ormond, fait par notre artiste. Kneller a joui d'une si grande célébrité,
que le grand-duc de Florence demanda son portrait pour être placé parmi les hommes illustres
dont il faisait collection ; au bas on lit cette
inscription : *Dominicus Godfridus* KNELLER DE
WHITON, *sacri romani imperii et magnæ britan-
niæ baronettus : nec non serenissimi Georgii, mag.
Brit. reg. interrioris comeræ aulicus, et pictor
princeps*, etc.

Kneller fut encore comparé à Van Dyck ; on
ajoute même qu'il fut un des grands peintres de
portraits qui ont les plus approché de la finesse
de son coloris. A bien des égards il mérite cette
gloire sans justifier pourtant la comparaison :
son coloris est vrai, sans avoir la magie de celui
de Van Dyck ; il est beaucoup au-dessus de
celui de Lely, et ce dernier est en tout supérieur à Kneller ; l'un et l'autre ont également
bien composé le portrait : Lely dessine mieux,
il montre plus de grâce ; Kneller n'est que maniéré et il a moins de goût ; les femmes surtout
sont plus agréables sous le pinceau de Lely que
sous celui de Kneller : Monoyer, nommé com-

munément Baptiste, notre peintre françois, a souvent orné de fleurs ses tableaux. Portraits, *de Charles II, roi d'Angleterre; des ducs d'York et de Montmouth, de Louis XIV* (que Kneller fit à la cour de France par ordre de Charles II), *de Guillaume III, des plénipotentiaires du congrès de Riswick, de la reine Anne, du duc de Glocester, de l'archiduc Charles, du czar Pierre-le-Grand.*

Kneller eut une si grande influence de son temps sur le goût, que tous les artistes furent obligés de l'imiter sous peine d'être sans occupation; aussi les trois quarts empruntèrent jusqu'à ses défauts. Le portrait du duc de Schomberg, à cheval, doit être cité à la suite des œuvres de Kneller. Le beau cheval de bataille qu'on remarque dans ce tableau est du pinceau de Jean Wyck, fils de Thomas Wyck. Jean Smith en a fait un chef-d'œuvre de gravure, qui est rare et d'un grand prix en belle épreuve.

PIETERS (*N.*), élève de Eykens, que nous avons cité dans notre tableau synoptique des analogies de Rubens, a été un des plus fidèles imitateurs de Kneller; on peut apprécier ses talents sur les tableaux même de ce dernier, puisqu'il est certain que les draperies et autres accessoires de ses plus beaux portraits sont de la main de N. Pieters.

BACKER (*N. de*), natif d'Anvers, connu pour avoir fait à Londres de fort bons portraits, ne fut pas un des moindres imitateurs de Kneller; on assure même que plusieurs ne cèdent en rien aux meilleurs du célèbre artiste. Si on pouvait se permettre de juger un artiste sur un seul morceau de son talent, je me permettrois de révoquer en doute ce jugement, ayant été à même de voir un portrait de N. Backer, portant sa signature, lequel m'a paru très médiocre.

HELST (*Bartholomé Van der*), né à Harlem en 1613, mort très âgé, peut aller de pair avec les artistes précédents, sous beaucoup de rapports. Son coloris est plein de fraîcheur, il imite en perfection les étoffes, les vases d'or, d'argent et les brillants accessoires du genre. Il compose bien, ses draperies sont larges et de bon goût, et son dessin est assez régulier; soit en grand, soit en petit, il intéresse également : il joignoit à tous ces talents celui de la ressemblance; ce qui donne à ses portraits un caractère monumentaire. Kneller, difficile et jaloux, ne parloit jamais qu'avec éloge de Van der Helst; son chef-d'œuvre représente tous *les Chefs de la milice bourgeoise*, grandeur naturelle. Ce précieux tableau orne la chambre du tribunal à la maison de ville d'Amsterdam. *Portrait d'un officier* (Coll. de l'électeur Palatin), *les quatre chefs des Con-*

Jean Van BREDA.

Notre-Seigneur prêchant sur les bords de la mer.

Notre-Seigneur faisant des miracles.

Deux Paysages baignés par des rivières.

Louis XV acheta ces quatre tableaux à l'auteur, après son entrée dans la ville d'Anvers, en 1746.

ÉCOLE HOLLANDOISE.

Corneille POELEMBURG.

Le Bain de Diane.
Le Martyre de saint Étienne.
Vue du *Campo Vaccino.*
Deux tableaux du même sujet.

Paul REMBRANDT.

L'Ange qui disparoît aux yeux de Tobie, après s'être fait reconnoître.

Portrait de Rembrandt, peint par lui-même.

Pierre DE LAAR, dit BAMBOCHE.

Un Maréchal qui ferre un cheval près d'une grotte.

Un Manége : on y voit un carrosse.

Une Femme qui file à côté d'un homme endormi.

Gérard DOUW.

Une Servante tenant un coq.

Une Femme lisant avec des lunettes.
Un Vieillard avec des lunettes.

Gabriel METZU.

Une Femme qui tient un verre à la main, et un cavalier qui la salue.

Bartholomé BREENBERG.

Un Joueur de hautbois.
Une Grotte.
Un Paysage, où l'on voit Mercure et Argus.

Philippe WOUVERMANS.

Un Retour de chasse.
Des Cavaliers qui boivent à la porte d'une hô-
tellerie.
Une Écurie avec plusieurs chevaux.
Une Chasse au vol.
Une Halte de chasse.

Nicolas BERGHEM.

Une Femme qui sort du bain, dans un paysage où l'on voit des animaux.
Un Paysage rempli d'animaux, et une bergère qui file.

François MIERIS.

Une Dame à sa toilette.
Un jeune Homme faisant des bulles de savon.
Une Marchande de volaille et de gibier.

GALERIE DU PALAIS-ROYAL.

Cette Galerie, formée par le duc d'Orléans, régent, étoit la plus considérable en France, et surpassoit en objets rares, et surtout en productions des écoles germanique, belge et batave, la Collection de la Couronne. Long-temps elle a excité l'admiration des étrangers; et une génération de François, dont je fais partie, la considéroit comme un temple érigé par le goût à la gloire d'un beau siècle : elle a enfin disparu avec un prince dont on voudroit que l'existence ne fût qu'un problème politique entre les éminentes qualités de ses illustres aïeux et de ses descendants. La liste de tous ces tableaux se trouve à la fin du Recueil qu'a fait graver M. Couché, sous le nom de *Galerie du Palais-Royal*, en 3 vol. *in-fol.* publié en 59 cahiers ; Collection bien commencée, mais assez mal terminée.

GALERIE DE L'HOTEL DE TOULOUSE.

L'hôtel où étoit cette Galerie, appartenoit à M. le duc de Penthièvre, grand-amiral de

France, fils de M. le comte de Toulouse. On y trouvoit de tout ce que les beaux-arts ont fait éclore dans le dix-septième siécle, soit en belles tapisseries, soit en marbre, en bronze et en peinture ; la salle d'audience rassembloit tous les portraits des amiraux et surintendants de la navigation, depuis Florent de Varenne jusqu'au duc de Penthièvre, et les portraits de tous nos rois des trois races. Outre les objets de décoration, cette Galerie étoit ornée de plusieurs tableaux des écoles italienne et françoise, en petit nombre, mais d'un fort bon choix. On y remarquoit trois tableaux de Pietre de Cortone, *la Sibylle de Cumes qui montre à Auguste une Vierge au ciel ; le Berger Faustule qui porte à sa femme, Romulus qu'allaitoit une louve au bord du Tybre ; et César qui répudie Pompéia, pour épouser Calpurnie.* Les trois Jacques Bassan de cette Galerie étoient du plus beau faire de ce maître, ainsi que *l'Enlèvement d'Hélène par Páris,* une des bonnes productions du Guide. Parmi les cinq tableaux du Guerchin, *le Combat des Romains et des Sabins, et Coriolan qui relève sa mère et sa femme prosternées à ses pieds,* étoient estimés par les amateurs, comme des tableaux de la plus grande force de ce maître. L'école françoise étoit plus nombreuse dans cette Galerie, que les écoles étrangères ; il ne s'y trouvoit presque rien à citer des Pays-Bas. *Le dictateur Furius Camilius qui fait fouetter un maître d'école par ses propres écoliers,* de Nicolas Poussin; *Salomon qui sacrifie aux idoles,* de Sébastien Bourdon, y figuroient comme les tableaux les plus remarquables de l'école françoise. On peut présumer que les tableaux de cette Galerie ont été recueillis pour le Musée. Jacques François Blondel, dans son Architecture françoise, en avoit promis une description qu'il n'a point donnée, et cette description a toujours été négligée dans ses détails par les divers auteurs des Curiosités de Paris.

COLLECTION IMPÉRIALE
DE VIENNE.

PRENNER, graveur de Strasbourg, a publié, en 1735, nombre de pièces d'après les plus grands peintres italiens et flamands, qui figurent dans cette fameuse Collection, sous le titre de *Prodromus Pinacothecæ Cæsareæ.* Rosa, gardien de la Collection impériale, en a publié un Catalogue raisonné, dans lequel on trouve l'indication des richesses qu'elle renferme, et des remarques aussi instructives que lumineuses.

L'empereur Rodolphe II, fils de Maximilien,

jeta les fondements de cette Collection, à Prague, pillée et dispersée par les Suédois, pendant les guerres du seizième siècle, en Hongrie,
en Bohème, et contre les Turcs ; les débris en
ont été rassemblés, et transportés dans le palais
du Belveder. Les acquisitions faites par les successeurs de l'empereur Rodolphe, l'ont sensi-
blement accrue, et portée au degré de splendeur
où elle est aujourd'hui. Les productions du plus
beau choix, et de toutes les écoles, en font
l'ornement, ainsi que les plus estimées de Raphaël, du Guide, du Titien, du Corrège, de
Léonard de Vinci, du Tintoret, d'André del
Sarte, de Vasari, de Michel-Ange, de Jules
Romain et d'un grand nombre d'Italiens célèbres. Ses richesses sont inappréciables en tableaux des Pays-Bas : Rubens y brille avec autant
d'éclat qu'ailleurs, ainsi que Van Dyck. On
peut ajouter même que l'école flamande s'y
trouve complète, ainsi que l'école allemande.
Cette dernière, surtout, formant une suite non
interrompue des progrès de l'art, depuis le
berceau jusqu'à la plus grande maturité, est
une leçon pour beaucoup d'autres nations, qui
ne respectent pas assez les travaux de leur propre
industrie dans tous les âges, et une leçon pour
nous-mêmes. L'Europe entière a vu la preuve de
notre indifférence à cet égard : aux époques où

le Musée rassembloit des richesses universelles, la plus incomplète de toutes les écoles étoit la nôtre; il n'y avoit point de place pour plusieurs tableaux de quelques artistes françois justement célèbres dans l'histoire ; mais il s'en trouvoit toujours assez pour quelques foibles essais des premiers âges de la Flandre : enfin cette indifférence de notre part n'a pas peu contribué à déprécier nos productions de l'art, chez les étrangers.

COLLECTION DE BERLIN.

Frédéric-le-Grand est le fondateur de cette Galerie, formée à Sans-Souci. Mathias Oesterreich en a publié une description en 1764 et 1771 : le baron d'Henecken, que j'ai déjà eu occasion de citer, en fait mention dans son Dictionnaire des Graveurs. Les morceaux les plus capitaux de cette Collection, sont : *le Christ chez Marthe et Marie*, par Léonard de Vinci; *Loth et ses Filles*, par Raphaël; *Orion* et *les Amants surpris*, par Jules Romain; *la Vierge et l'Enfant-Jésus*, du Corrège; *la Sainte Famille*, d'André del Sarte; *Danaé* et *le Portrait de l'Arétin*, par le Titien; *la Femme adultère*, par

Procaccini; *Agar répudiée*, par le chevalier Cé-
lesti; *la Bénédiction d'Isaac*, par Jean Liévens,
beau tableau; *le Prince de Gueldres, un Moïse,
un Patriarche*, demi-figures, par Rembrandt, et
le Portrait de ce Peintre en guerrier, peint par
lui-même, tableaux admirables; *un Ermite*, et
une Tête de Vieille, par Gérard Douw; *Saint
Pierre*, demi-figure, par l'Espagnolet. Les consi-
dérations énoncées dans l'introduction du premier volume, ne permettent pas de plus longs
détails sur cette Collection et celles qui suivent.

COLLECTION DE BRUNSWICK,

A SALZDATUN.

Plus de cent tableaux de cette Collection ont
orné le Musée de France; à cette époque nous
avons pu nous convaincre des richesses qu'elle
renferme en tableaux des Pays-Bas, et surtout
de l'école hollandoise. Antoine Ulric, prince
de Brunswick, est le premier fondateur de cette
Collection, qui a été augmentée considérable-
ment d'objets rares et précieux, et de chefs-
d'œuvre de Jean Lievens (1), de Fabricius, de

______

(1) Page 22.

Gérard Lairesse, de Jacques Jordaens, et enfin de tableaux les plus capitaux de Rembrandt et de David Téniers. Jacques-Guillaume Hechenaer, dessinateur et graveur d'Augsbourg, en a publié un Recueil composé de pièces assez médiocrement exécutées, en un volume *in-folio oblong*, 1710.

COLLECTION DE DRESDE.

On peut prendre une idée de cette Collection dans les deux volumes qui ont été publiés sous ce titre : *Recueil d'estampes d'après les plus célèbres tableaux de la Galerie de Dresde*, 1752, 1757, *in-fol.* A la tête du premier volume se trouve le beau portrait d'Auguste III, roi de Pologne, gravé par Balechou, d'après Hyacinthe Rigaud : le second est orné du portrait de la reine de Pologne, peint par Silvestre, et gravé par Daullé : ces deux volumes contiennent cent et une estampes, avec un discours italien et françois, orné de vignettes et de lettres fleuronnées.

Auguste III avoit déjà fait publier les statues et les monuments antiques qu'Auguste II avoit fait rassembler, tant de l'Italie que des autres pays , sous ce titre : *Recueil des marbres antiques qui se trouvent dans la Galerie du roi de Pologne , à Dresde , grand in-folio , 1733.*

Les écoles italiennes sont remarquables dans cette Collection par le bon choix. Dans le nombre des tableaux flamands et hollandois on en trouve de très rares , et de la plus excellente qualité des maîtres les plus célèbres. Tout décèle, dans cette Galerie, le goût éclairé et la munificence d'Auguste II , et surtout d'Auguste III , qui a fait les plus grands sacrifices pour élever sa Collection à un degré de splendeur qui l'égale aux plus célèbres des têtes couronnées de l'Europe.

Entraîné par la reconnoissance, je place sur la même ligne Stanislas-Auguste Poniatowski , mon illustre protecteur, qui a signalé son règne, sur le trône de Pologne, par des traits aussi grands, aussi généreux en politique , que par son amour pour les sciences et les arts. Déjà Jean Sobieski, roi de Pologne, un des plus grands guerriers du dix-septième siècle, avoit également enrichi ce royaume de chefs-d'œuvre des plus grands maîtres de toutes les écoles des Pays-Bas. Ce prince n'est point oublié dans le cours de cet ouvrage.

GALERIE DE DUSSELDORF.

Les premiers fondements de cette Galerie ont été commencés par Jean Guillaume, au château de Bensberg, à onze lieues de Dusseldorf, et à trois et demie de Cologne, et transportés ensuite, par le même prince, à Dusseldorf, situation qui, par son extrême accessibilité à tous les voyageurs, a singulièrement favorisé la grande réputation qu'elle conserve, quoiqu'elle soit peut-être une des moins nombreuses, mais en revanche aussi la plus extraordinaire en morceaux rares, et de maîtres peu connus; ce qui m'entraîne à exciter l'attention par des détails qui me donnent occasion de citer ces mêmes maîtres, sur lesquels nous n'avons presque point de renseignements, et qu'il entre dans mon plan de ne point laisser ignorer.

Cette Galerie, partagée en plusieurs pièces, renferme le fameux *Saint Jean dans le désert*, de Raphaël, tableau au-dessus de tout éloge. George Forster en fait une belle description dans son Voyage philosophique et pittoresque sur les rives du Rhin, etc. (1). Je ne puis me

______

(1) Deux vol. *in-8*. *Paris, Buisson*, 1794.

refuser au plaisir d'en extraire un passage désiré par tous les amis des arts, familiers avec ce chef-d'œuvre.

« Jean baisse modestement ses regards vers « la terre, un océan d'idées se peint sur son « front ingénu, nul désir, nulle passion dévo- « rante ne trouble la paix sacrée du divin ado- « lescent : que de beautés, quel heureux assem- « blage de traits sur le visage du jeune solitaire, « depuis son menton, à peine revêtu d'un léger « duvet, jusqu'au sommet de cette belle tête « ombragée de longues tresses de cheveux d'un « brun doré !....

« Le livre du destin s'ouvre aux regards du « jeune prophète ; fortifié par la solitude, éclairé « par une sainte abnégation de lui-même, c'est « sur l'avenir qu'il étend sa pensée ; il contemple « les nations. Trop grand, trop pur pour habiter « parmi un peuple dégénéré, il s'est séparé de « lui, il le châtie par l'exemple de son austérité, « et l'instruit par ses discours brûlants. »

Cette poétique et élégante description du *Saint Jean* de la Galerie de Dusseldorf, peut également s'appliquer au *Saint Jean* qui ornoit la Galerie d'Orléans : il y a peu de différence entre ces deux tableaux, qu'on peut affirmer être, l'un et l'autre, de la main de Raphaël.

Les artistes employés à la première décoration de cette Galerie, sont : *Antonio Belucci*, *Antonio Pellegrini*, *Domenico Zanetti*, *Antonio Milanese*, Antoine Schoonjans, le chevalier Van der Werff, Jean Veenix, Geoffroy Schalken, Eglon Van der Neer, Rachel Ruysck, Van Nickelle, et le chevalier Van Douven, l'ordonnateur de la Galerie, auteur du *Portrait de Charles III d'Autriche*, et de beaucoup de morceaux précieux qui font honneur à la mémoire de ce célèbre artiste.

Parmi les tableaux italiens, celui de Baroche, représentant *l'Apparition de Jésus-Christ à la Madeleine*, ou le *Noli me tangere*, est un des plus capitaux. On y voit d'Hyacinthe Brandi, dont les tableaux sont si rares partout, *le Corps de Jésus-Christ en état de mort, sur des nuages*, morceau admirable, et qui brille par des racourcis d'une grande hardiesse ; *une Sainte Famille*, par Michel-Ange, dont les tableaux de chevalet sont très rares ; *l'Assomption de la Vierge*, beau tableau du Guide ; *Vénus et Adonis*, par l'Albane ; et plusieurs bons tableaux d'Annibal Carrache, de Lucas Jordano, de Zanetti, un des peintres qui a été le plus employé par le prince Palatin Jean-Guillaume.

Peu de Collections offrent d'aussi beaux exemples que celle-ci, en productions de choix des Pays-Bas : on y compte quarante-six ta-

bleaux de Rubens, un grand nombre de Van
Dyck, parmi lesquels on distingue *le Por-*
trait de Van Ertevelt, peintre de marine; *l'En-*
fant prodigue dans un repas de débauche, par
Gérard Honthorst; l'effet est produit par une
lumière que tient la maîtresse du lieu; c'est une
de plus belles choses sorties du pinceau de ce
maître : *le Roi boit*, par Jacques Jordaens; *la*
Résurrection du Lazare, par Abraham Bloemaert; *le Mariage de sainte Catherine*, par
Théodore Van Tulden; *Ulysse de retour en*
Ithaque, par Gérard Lairesse, riche tableau de
ce maître; *l'Enfant Jésus sur un trône, entouré*
de plusieurs saints, par Gaspard de Krayer, signé,
année 1646; *une Chasse au sanglier*, par Sney-
ders, tableau d'un effet terrible; *Job tourmenté*
par sa femme, l'Enfant prodigue, Jacob qui s'en-
gage à servir Laban pour obtenir Rachel, par
Schoonjans, disciple de Krayer, tableaux remarquables par l'énergie des expressions; *le*
Portrait du peintre Govaert Flinck et de sa femme,
par Rembrandt; *Jésus-Christ mort, pleuré par les*
anges, une des plus belles productions de Bartholomé Flemael, et qui rappelle le Poussin;
l'Annonciation, par Van Acken, dans le goût
du Tintoret; *Jésus-Christ montant au Calvaire*,
au milieu d'un peuple immense, par David Vinck
Booms, signé, avec l'année 1611; l'abus de la

couleur rouge détruit l'harmonie de ce précieux tableau, qui est une vraie miniature à l'huile : *Samson trahi par Dalila*, tableau qui porte le monogramme de Judocus Van Winghen, *Diogène buvant dans sa tasse, et Pythagore tenant sa table des nombres*, par Jean Lievens, style de Rembrandt ; *Portrait d'une Dame*, par Juste Van Egmont ; *Ecce Homo*, signé *Joannes de Hemessen pingebat*, 1544 ; *un Paysage*, signé J.-J. de Cossiau ; *l'Invention de la sainte Croix*, par Gérard Douffet, ce tableau, signé de la main de l'auteur, est un monument de la piété de don Charles Hardi, religieux de l'abbaye de Saint-Laurent ; on lit au-dessous : *Amor et deliciæ generis humani : la Fontaine de Vénus*, signé Jean Hulsmann ; *la Nativité*, et *deux Bacchanales*, par le baron Strudel ; *deux Vues de l'ancien château de Benrath*, l'une du côté du midi, l'autre du côté du nord, par Van Nickelle. Le peu de renseignements qu'on a sur tous ces derniers artistes, m'autorise à les citer ainsi que leurs ouvrages, pour compléter autant que possible les écoles germanique, belge et batave.

Une des salles de la Galerie de Dusseldorf honore la mémoire du chevalier Van der Werff, en ce qu'elle a pris son nom ; elle est ornée de vingt-cinq chefs-d'œuvre de ce grand artiste dont nous faisons mention en parlant de lui (tom. I, pag. 273).

Gérard Douw donne aussi son nom à la deuxième salle de cette Galerie, qui est ornée d'un de ses plus précieux tableaux, lequel représente *un Charlatan qui débite ses drogues à la populace* : on y remarque encore *Agrippine sauvée du naufrage*, par Carlo Loth; *les OEuvres de Miséricorde*, sans contredit le meilleur des tableaux de François Franck; *l'Ecce homo*, de Geoffroy Schalken, sujet éclairé à la lueur du flambeau, composition, expression, coloris admirables; *les Vierges folles et les Vierges sages*, du même auteur, sujet de nuit, également admirable; enfin beaucoup d'excellents tableaux de Jean Fyt (*Voy.* tom. 1, pag. 145).

L'école françoise y figure en bien petit nombre: on y voit de Moïse Valentin, *un Jeu*, et un tableau du Poussin, le sujet est : *Norbert* (1) *recevant l'habit de son ordre;* cette production n'est pas de la plus grande force du maître.

De l'école espagnole, on y voit un beau ta-

---

(1) S. Norbert, fondateur des Prémontrés, né dans le duché de Clèves en 1082, d'une maison alliée aux empereurs et aux princes de Lorraine, fut nommé archevêque de Magdebourg en 1126, et mourut dans sa ville archiépiscopale en 1134.

bleau représentant *le Roi Manassès en captivité*, par Joseph Ribeira, dit *l'Espagnolet.*

Nicolas de Pigage, membre de l'Académie de Saint-Luc, à Rome, a publié une description de la Galerie électorale de Dusseldorf, avec figures, *in-folio oblong*, Bâle, 1778.

COLLECTION

DE L'ARCHIDUC LÉOPOLD.

C'est à David Téniers le fils, aide de chambre à la cour de l'archiduc Léopold, que l'on doit la publication de cette Collection. Ayant projeté de faire graver tous les tableaux que ce prince venoit de rassembler, il commença par les maîtres italiens; les maîtres flamands, qui n'étoient pas moins nombreux, ne furent point gravés. Il fit d'abord paroître cette Collection par pièces, en 1658, chez son frère Abraham Téniers, marchand d'estampes, à Anvers. L'éditeur qui lui succéda réunit de quoi former un volume sous le titre : *Davidis Teniers, antverpiensis pictoris, etc. Theatrum Pictorum, etc.* M. DC. LX. *Antverpiæ, apud Henricum Aertsens,* in-folio. L'éditeur le publia en même temps sous ce titre françois : *Théâtre des Peintures de David Téniers;* on y trouve une préface en françois et en espagnol, dans quelques exemplaires, mais le plus grand nombre est en latin.

Le baron d'Henecken observe que les estampes de cette première édition n'ayant point été numérotées, on trouve rarement des exemplaires complets, et encore moins de belles épreuves.

Il parut dans la suite une seconde édition, où toutes les estampes sont numérotées, et sous le même titre : *Antverpiæ, apud Jacobum Peters,* M. DC. LXXXIV, et enfin une troisième édition, sans date, sous ce titre : *Theatrum pictorium Davidis Teniers, etc. etc., opus omnibus artis pictoriæ amatoribus perutile, Antverpiæ, apud Henricum et Cornelium Verdussen.*

Comme les Verdussen étoient d'habiles imprimeurs, les épreuves de cette troisième édition sont généralement meilleures que les précédentes.

Dans les deux dernières éditions il manque la pièce gravée d'après le Carrache, par Van Steen, mais on en trouve une autre qui n'est pas dans la première édition, c'est une Vue perspective d'une partie de la Galerie de Vienne, où étoient rangés ces tableaux, alors transportés dans cette capitale, dont cependant un petit nombre fut envoyé à Prague, et qui depuis a passé dans la Galerie de Dresde.

La nouvelle édition de cette ancienne et fameuse Galerie qui n'existe plus à Bruxelles, et que je cite plusieurs fois dans le cours de cet ouvrage, n'est qu'une réimpression des mêmes planches, publiée sous ce titre : *Le grand Cabinet des tableaux de l'archiduc Léopold-Guillaume, peints par des maîtres italiens, et dessinés par David Téniers, dit le Vieux, etc., peintre de l'archiduc, gouverneur des Pays-Bas, et gravés sous sa direction, à Amst. et Leipsick, chez Arkstée et Mercus*, M. DCC. LV.

Le baron d'Henecken, que je regarde comme la meilleure de toutes les autorités sur toutes ces matières, observe que les éditeurs ont commis une faute en nommant David Téniers le Vieux, au lieu de David Téniers le fils ; le premier n'ayant fait que très peu de dessins d'après cette Galerie, ainsi que le prouvent les noms des dessinateurs marqués au bas de chaque planche.

COLLECTION ROYALE DE MUNICH.

Cette Collection orne sept salles : l'une d'elles est destinée aux artistes bavarois ; dans les autres sont répandus les ouvrages de Rubens, entre autres une suite d'esquisses sur la vie politique de Marie de Médicis. On a transporté dans cette

Galerie beaucoup de tableaux de la Collection
de Dusseldorf, de celles des Deux-Ponts et de
Manheim, et plusieurs morceaux précieux qui
ont été tirés des monuments religieux compris
dans la ligne de démarcation tracée pour le
nouveau royaume de Bavière.

COLLECTION DE WINDSOR

ET DE KENSINGTON.

Je regrette infiniment de n'avoir d'autres
matériaux à donner sur le rassemblement de
cette Collection, que ce qui a été publié sous
le titre ci-après, et qui n'en donne qu'une bien
foible idée, quoique parfaitement exécuté par
le graveur Simon Gribelin.

*Six of Her Majesty's Pictures, drawn and
engraved from the originals of Paulo Veronese,
Jac. Tintoretto, old Palma, Jul. Romano, and
Andrea Schiavone, in the Royal Galeries of
Windsor and Kensington. By Simon Gribelin,
1712, grand in-4.*

COLLECTION ARUNDELIENNE.

Thomas Howard, comte d'Arundel et de Surrey, grand protecteur des arts et des artistes, avoit rassemblé à des prix immenses, et avec des soins extraordinaires, tout ce qu'il avoit pu trouver de précieux en statues, en tableaux, en dessins, en pierres gravées et autres curiosités. Ces richesses étoient rangées dans les salles et les jardins de sa maison, située sur le bord de la Tamise. Selden composa un livre sur les marbres antiques, les statues et les bas-reliefs, et le publia sous ce titre : *Marmora Arundeliana*, Londres, 1732.

On lit, dans Richardson, le sort malheureux de cette fameuse Collection : il en excepte les pierres et les camées, qu'il dit être bien conservés entre les mains d'une dame de qualité qu'il n'a pas jugé à propos de nommer : c'étoit milady Germain, suivant le baron Henecken ; depuis ces objets ont changé de mains. Quant aux tableaux et dessins, ils ont été dispersés : une partie se vendoit encore à l'encan en 1720, avec quelques autres curiosités ; plusieurs ont été gravés du vivant du comte d'Arundel.

COLLECTION DE FLORENCE.

CETTE Collection, une des plus fameuses de l'Europe, a été formée par les Médicis, et se conserve dans le palais du grand-duc de Florence ; elle est partagée en plusieurs salles; ses richesses ont fait naître diverses entreprises typographiques et calcographiques ; la première, qui n'a point de discours, commence par un titre historié, où l'on voit le portrait du grand-duc Cosme II, suivi de cent cinquante - cinq estampes, dont quelques-unes sont de trois planches, d'autres de deux; mais la plus grande partie d'une seule planche.

Bientôt après, une société de nobles Florentins forma le projet de faire graver les pierres fines, les camées, les médailles et les statues antiques qui se trouvent dans la Collection du grand-duc, et d'y ajouter les portraits des peintres illustres qui en font l'ornement : trois volumes de cette entreprise ont été publiés sous le titre de *Museum Florentinum exhibens insigniora vetustatis monumenta, quæ Florentiæ sunt*, tom. I, 1731 ; tom. II, 1732; tom. III, 1743. Le savant Gori en a rédigé le texte; le dernier volume renferme soixante et douze statues sur cent planches, et les deux premiers deux cents planches de pierres gravées et de camées. En 1740 et 1742, Gori fit paroître trois nouveaux tomes sous ce titre : *Antiqua numismata aurea et argentea præstantiora et ærea maximi moduli, quæ in regio Thesauro Magni-Ducis Etruriæ adservantur cum observationibus Antonii Francisci Gorii :* cent quinze planches.

Cette Collection qui avoit été promise en dix volumes, et souvent suspendue, fut enfin terminée par quatre volumes de portraits de peintres. Chaque volume en contient cinquante-cinq, accompagnés d'un abrégé de leur vie, sous ce titre : *Museo Florentino che contiene i Ritratti de' pittori, etc.*, tom. I, *Firenze*, 1752 ; tom. II, 1754 ; tom. III, 1755 ; tom. IV, 1762.

L'abbé Antonio Pazzi a donné une continuation de ces quatre derniers volumes en 1765 et 1766, sous ce titre : *Serie di Ritratti di celebri Pittori, etc.*

On a encore deux autres recueils d'estampes gravées d'après les peintures qu'on voit à la cour du grand-duc, savoir :

1°. *Pitture del salone imperiale del palazzo di Firenze, etc. etc.; in Firenze,* 1751, gr. in-fol.

2°. *Azioni gloriose degli uomini illustri Fiorentini, espresse con lor Ritratti, nelle volte della real Galeria di Toscana*, grand in-folio.

On doit le premier aux soins du marquis de Gerini, et Ignazio Orsini a publié le second.

Enfin, les François en s'occupant de donner une grande publicité aux richesses de l'art qui ornent la Galerie du grand-duc, ont surpassé tous ceux qui les avoient devancés dans cette entreprise, que l'on doit à l'amateur de Joubert, trésorier-général des états du Languedoc, mort en 1792. M. Wicar, habile dessinateur, fut choisi et envoyé aux frais de M. de Joubert, à Florence, pour dessiner les tableaux, statues et camées de la Galerie. Le talent et l'habileté des graveurs auxquels on confia l'exécution des planches, donnèrent aux premières livraisons un succès qu'aucune entreprise de ce genre n'avoit encore obtenu ni mérité en France. Le texte, rédigé par M. Mongez, ajoute encore au mérite de cet ouvrage, qui étoit à sa trente - sixième livraison le 30 juillet 1807. Après la mort de M. de Joubert, sa veuve resta seule propriétaire de l'entreprise qu'elle a dirigée de concert avec M. Masquelier, qui en a été le directeur et l'éditeur jusqu'à sa mort. Enfin après avoir achevé la quarante-huitième livraison, et clos l'ouvrage à quatre volumes complets, on vient d'en vendre à l'encan, et disperser le fonds, en novembre 1817.

Nous invitons encore les amateurs qui voudroient prendre une connoissance générale des tableaux de toutes les écoles qui ornent cette Galerie, à consulter le Voyage d'Italie, par Cochin, en trois volumes *in*-12, 1758. Une chambre de cette Galerie est destinée aux tableaux flamands; on y voit un beau Kneller, plusieurs excellents Berghem, un magnifique paysage de Both, un beau Peter Neefs, un Van Dick admirable et de la plus grande force du maître, de très beaux Paul Bril, des Van der Werff, quelques-uns d'un beau choix; un tableau de J. Jordaens de la plus belle qualité, quelques Téniers assez foibles, plusieurs Rubens, plusieurs Breughel, et des Gérard Douw, des Mieris, des Terburg qui pourroient être mieux choisis, etc.

COLLECTION DE REYNST,

EN HOLLANDE.

GÉRARD REYNST, sénateur échevin de la ville d'Amsterdam, avoit recueilli des tableaux, bronzes et autres curiosités en assez bon nombre pour donner à sa Collection une sorte de réputation. Après sa mort, les États-généraux choisirent dans sa succession les plus beaux tableaux, pour en faire présent à Charles II, roi de la Grande-Bretagne. Sa veuve rassembla quelques planches qu'on avoit entrepris de graver d'après cette Collection, et en forma un Recueil, sous ce titre : *Variarum imaginum à celeberrimis artificibus pictarum cælaturæ, etc., Amstelodami, gr. in-fol.* Il consiste en trente-deux estampes ; la pièce représentant la sainte Vierge, d'après Raphaël, n'ayant pas réussi, elle fut recommencée, on la plaça néanmoins dans le Recueil, et cette planche double, fait une trente-troisième pièce. Les amateurs recherchent les exemplaires de cet ouvrage lorsqu'ils sont avant la lettre et sans les noms d'auteurs, qui furent ajoutés dans la suite.

L'exemplaire du Salon de Dresde contient cinq estampes gravées d'après les tableaux du même cabinet, qu'on ne trouve point ordinairement dans les autres exemplaires, savoir :

Les quatre Forgeurs ou Cyclopes, par Michel-Ange ;

Esaü vendant son droit d'aînesse, demi-figure, du Tintoret ;

Silène accompagné de Cérès et d'un homme qui donne du cor, de J. Jordaens ;

Saint Jean-Baptiste préchant dans le désert, d'Abraham Bloemaert ;

Un homme et une femme qui chantent, demi-figure, attribué à Jean Lys.

La seconde partie de la Collection de Gérard Reynst contient deux suites de bustes, sous ce titre : *Signorum veterum icones, per D. Gerardum Reynst collectæ, etc. Amst. Nicol. Visscher, in-folio.*

COLLECTION DE JABACH.

On peut considérer la Collection de Evrard Jabach, de Cologne, célèbre banquier à Paris, comme une des plus amples qui aient paru dans le dix-septième siècle ; ce grand amateur céda la majeure partie de ses dessins au roi, et conserva le reste, dont une certaine quantité passa après sa mort dans la Collection de Crozat, et depuis dans celle du savant Mariette. Un des petits-fils d'Evrard Jabach, qui faisoit la banque à Livourne, en avoit aussi conservé un certain nombre qui fut vendu en Hollande, après sa mort. Le Catalogue en est imprimé sous ce titre : *Catalogo della Raccolta di celebri disegni, che trovansi appresso Francisco Antonio Jabach, in Livorno, in-8.*

La majeure partie des plus précieux tableaux

de cet amateur passa dans la Collection de la Couronne, ainsi que nous l'annonçons dans le paragraphe qui précède celui-ci.

Évrard Jabach avoit formé le projet de faire graver sa Collection : il commença par les paysages ; après sa mort on fit un Recueil de toutes les pièces dont il avoit dirigé le travail, que l'on distribua en cahiers, et qui forme un volume sous ce titre : *Recueil de deux cent quatre-vingt-trois estampes gravées à l'eau-forte, par les plus habiles peintres du temps, d'après les dessins des grands maîtres, que possédoit autrefois M. Jabach, et qui depuis ont passé au cabinet du roi,* in-fol. oblong.

COLLECTION DE CROZAT.

Antoine Crozat, illustre amateur françois, forma sa Galerie dans une des premières maisons élevées autour de la place de Louis-le-Grand, qu'il fit achever pour le comte d'Evreux, son gendre. Ayant d'abord formé le projet de faire graver les tableaux et les dessins de sa propre Collection, il paroît qu'il changea de résolution, et fit un Recueil d'après les plus beaux tableaux et dessins qui sont en France, dans la Collection de la Couronne, et dans celle d'Orléans, divisé suivant les différentes écoles, avec un abrégé de la vie des peintres, une description historique de chaque tableau, Paris, imprimerie royale, 1729, *grand in-folio*, Recueil qui a continué de porter le titre de *Cabinet de Crozat*.

Après la publication de ce premier volume, M. Crozat ayant trouvé la direction de son entreprise trop laborieuse, la confia au sieur Robert, peintre du cardinal de Rohan, qui ne put achever le second volume, lequel fut confectionné par M. Crozat.

Après la mort de cet amateur, arrivée en 1740, l'ouvrage fut vendu et adjugé à une compagnie de libraires, et ensuite confié à M. Mariette, qui en forma deux volumes *in-folio*, auxquels il ajouta les descriptions qui manquoient; l'ouvrage fut de nouveau publié dans cet état, en 1742.

En 1764, Basan en ayant fait l'acquisition, il fit réimprimer les planches et le texte, et cette nouvelle édition est supérieure à la première, en ce que les planches imitant le lavis des dessins, qui précédemment étoient gravées sur bois, le sont présentement sur cuivre et d'un bien meilleur goût; Basan en a séparé les pièces gravées d'après les plus beaux tableaux du palais d'Orléans, et en a fait un volume composé

de quarante cinq pièces, avec une explication
pour chaque sujet, sous ce titre : *Recueil d'après
la Galerie du Palais-Royal.*

En 1747 la plus grande partie de la Collection de Crozat étoit encore exposée dans les
pièces de sa maison donnant sur le jardin, et
qui étoit alors la propriété du baron de Thiers.

COLLECTION

DE BOYER D'AGUILLES.

CETTE Collection, qui a passé pour une des
plus fameuses au commencement du dix-huitième siècle, a laissé des traces du goût et des
lumières de son auteur, qui en a publié un recueil. La première édition a été publiée par Sébastien Barrat, qui en avoit gravé une bonne
partie : elle est divisée en deux parties, et contient cent quatre planches, y compris les deux
frontispices. M. Boyer continua de faire graver
ses tableaux, et publia une seconde édition en
1744, laquelle contient cent dix-huit planches
partagées en deux parties, avec ce titre : *Recueil
d'estampes d'après les tableaux des peintres les
plus célèbres d'Italie, des Pays-Bas et de France,
qui sont dans le cabinet de M. Boyer d'Aguilles,
procureur général du roi au parlement de Pro-*

vence, gravées par Jacques Coëlemans d'Anvers, par les soins et sous la direction de M. Jean-Baptiste Boyer d'Aguilles, conseiller au parlement, avec une description de chaque tableau, et le caractère de chaque peintre, par Pierre-Jean Mariette, **Paris,** *grand in-folio.*

La première édition de cet ouvrage est très rare, parce qu'elle a été tirée à très petit nombre ; elle est aussi très curieuse à cause de sept planches, toutes gravées par M. Boyer d'Aguilles, et dont on n'a jamais pu retrouver les cuivres.

COLLECTION

DU MARQUIS DE GERINI.

La reconnoissance des amis des arts appelle ici le nom du marquis de Gérini, un des plus grands protecteurs des artistes de toutes les nations, et un des amateurs les plus éclairés du siècle dernier. Le soin qu'il avoit pris en rassemblant les morceaux qui ornoient sa Galerie, a conservé sa réputation d'une manière fort honorable, en ce qu'il forma le projet de les faire graver pour en perpétuer à jamais le souvenir. De tels exemples sont rares dans notre siècle, surtout en France, où la plupart de nos ama-

teurs ne forment des cabinets que par spéculation (1). Le monument que nous a laissé de
sa Collection le marquis de Gerini, est connu
sous ce titre : *Raccolta di stampe rappresentanti
i quadri piu scelti dei signori Marchesi Gerini,
Firenze*, 1759-1786, 2 vol. *grand in-folio*.

Quarante planches dans chacun des deux
volumes. Le second ne se trouve pas fréquemment en France.

____

(1) *Voyez* la note de la page v, tome I.

FIN.

TABLE GÉNÉRALE

DES NOMS DES ARTISTES ALLEMANDS, FLAMANDS, HOLLANDOIS,

CONTENUS DANS LES DEUX VOLUMES.

N. B. La lettre *a* indique le tome I, et la lettre *b* le tome II.

B.

C.

E.

I.

J.

S.

T.

V.

FIN DE LA TABLE.

DE L'IMPRIMERIE DE CRAPELET.